대한민국에서 일하는 엄마로 산다는 것

엮은이 **김경림** | 연세대학교 사학과를 졸업하고 잡지 기자로 일했다. 큰아이를 낳고 이화여자대학교 언어병리학과 대학원에 입학하여 언어치료사가 되었다. 남쪽 지방 큰 산 아래에서 농사짓다가 이 책을 엮으면서 다시 일하는 엄마 대열에 합류했는데, 이틀 여섯 끼 내리 카레를 주면서도 죄책감을 느끼지 않는 내공을 쌓아 가는 중이다. 아이와 존재 대 존재로 만나는 기쁨에 대해 책을 쓰고 싶은 꿈이 있다.

대한민국에서
일하는 엄마로 산다는 것

초판 1쇄 발행 2014년 2월 28일
초판 17쇄 발행 2023년 6월 26일

지은이 신의진 **엮은이** 김경림

발행인 이재진 **단행본사업본부장** 신동해
편집장 조한나 **마케팅** 최혜진 이인국
홍보 반여진 허지호 정지연
국제업무 김은정 김지민 **제작** 정석훈

브랜드 걷는나무
주소 경기도 파주시 회동길 20
문의전화 031-956-7208 (편집) 031-956-7089 (마케팅)
홈페이지 www.wjbooks.co.kr
인스타그램 www.instagram.com/woongjin_readers
페이스북 https://www.facebook.com/woongjinreaders
블로그 blog.naver.com/wj_booking

발행처 ㈜웅진씽크빅
출판신고 1980년 3월 29일 제 406-2007-000046호

© 신의진 2014 (저작권자와 맺은 특약에 따라 검인을 생략합니다.)
ISBN 978-89-01-16311-6 03320

일도 잘하고 싶고, 아이도 잘 키우고 싶은 당신을 위한
따끔하지만 가장 현실적인 조언 33

대한민국에서

일하는 엄마로

산다는 것

신의진 지음 | 김경림 엮음

걷는나무
walking tree

엄마로, 아내로, 며느리로, 딸로, 일하는 여성으로, 누구보다 바쁜 인생을 살고 있는 당신에게

　소아정신과 의사로, 두 아이의 엄마로 살아온 지 20년. 그 동안 진료실 안팎에서 아픈 아이들보다 더 아프고 지쳐 보이는 엄마들을 자주 만났다. 하루가 48시간인 것처럼 바쁘게 살면서도 직장, 아이, 남편, 시댁, 친정의 기대에 맞추느라 정작 자기를 돌아볼 시간이 없는 엄마들, 그러다가 아이가 덜컥 아프기라도 하면 '나 때문에 그런 것은 아닐까?' 하는 죄책감에 가슴에 멍이 드는 사람들.

　다섯 살이 되도록 제대로 말을 하지 못하는 아이 때문에 나를 찾아왔던 엄마가 꼭 그랬다. 마치 벌을 받으러 온 사람처럼 고개를 푹 숙인 채 자기 잘못만 되짚었다.

　"처음 임신했을 때부터 지금까지 아이에게 온전히 집중했던 적이 없는 것 같아요. 아이는 일에 밀려서 늘 두 번째였어요. 마음은 그렇지 않았는데, 언제나 아이가 1순위였는데 정작 함께 보내는 시간은 2순위, 3순위였어요. 유난히 예민하고 잘 우는 아이를 이른 아침부터 캄캄해질 때까지 어린이집에 남겨 둬야 하는 게 늘 가슴 아팠지만 둘이 벌어야 생활이 되니까 어쩔 수 없다고 생각했어요. 아파서 열이 펄펄 끓을 때도 약봉지를 가방에 넣어 주며 어린이집에 보냈던 매정한 엄마가 바로 저예요. 아무래도 그래서 아이가 아픈 것 같아요. 제가 일을 하고 있어서, 같이 있어 주지 못해서……."

결국 참았던 눈물을 터뜨리는 그녀를 보며 나도 눈물을 참느라 애를 먹었다. 새벽부터 밤까지 이 엄마가 보내는 하루는 얼마나 전쟁 같을까, 잠든 아이를 보며 미안함에 혼자 울던 밤은 또 얼마나 외로웠을까. 일일이 말하지 않아도 충분히 느낄 수 있었다.

'아이가 아프다'는 말처럼 엄마들의 심장을 철렁 내려앉게 하는 말은 없을 것이다. 특히 일하는 엄마들은 아이가 아프다는 말을 듣는 순간 '내가 옆에 없어서 우리 애가 잘못됐구나', '나 때문에 아이가 아프구나', '난 엄마 될 자격도 없는 사람이다' 하는 죄책감과 우울증에 빠지게 된다.

나 역시 그랬다. 하루에 서너 시간 자면서 밥 먹을 틈도 없이 병원을 뛰어다녀야 하는 레지던트 1년차에 첫아이를 임신한 후 하루도 쉬운 날이 없었다. 임신 소식이 전해지자 동기들은 나를 민폐덩이로 바라보았고, 출산휴가가 끝날 때까지 아이 봐 줄 사람을 찾지 못해 발을 동동거렸다. 게다가 큰아이 경모는 특별한 돌봄이 필요한 아이였다. 갑자기 '이유 없이'

자지러졌고 아무런 '이유 없이' 30분 단위로 깨어나 울었다. 유난히 불안하고 예민해서 한시도 눈을 뗄 수 없었던 큰아이를 볼 때마다 고쳐 쓴 사직서가 수십 장이 넘는다. 모든 게 나 때문인 것 같았고 내가 아이를 망치고 있는 것 같았다.

그때 한 줄기 빛처럼 정신분석 수련을 시작하게 됐다. 해소할 곳 없이 계속 쌓여만 가던 원망과 억울함, 분노, 죄책감과 정면으로 마주하자 비로소 그 모든 것들이 엄마 노릇, 아내 노릇, 며느리 노릇, 딸 노릇, 거기에다 일까지 완벽하게 해내야 한다는 강박관념에서 비롯된 것이라는 걸 알 수 있었다. 그제야 나는 아이의 문제와 나의 문제를 분리하고 상황을 객관적으로 바라보았다. 의사로서 아이를 지켜보니 아이의 문제가 틱(tic) 증상이었다는 것을 알아챌 수 있었다.

아마도 그때 처음으로 엄마로서 자부심을 느꼈던 것 같다. 아이를 잘 키워야 한다는 생각에 갇혀 살 때는 뭘 해도 부족하고 지혜롭지 못한 엄마 같고 경모도 결함이 많은 아이로만 보였는데 나와 아이를 분리하니 아이가 아픈 원인을 객관적으로 파악할 수 있었고 비로소 아이에게 도움이 되는 좋은 엄마가 될 수 있었다.

일하는 엄마들은 쉽게 모든 문제를 '일 때문'으로 돌린다. 아이가 아픈 것도, 자신이 힘든 것도, 세상이 버거운 것도 모두 일을 하기 때문이라고 생각하는 경우가 많다. 하지만 곁에 있는 것만이 아이를 사랑하고 행복하게 사는 방법은 아니다. 아이는 자신이 아픈 걸 엄마 때문이라고 생각하지 않는다. 만약 아이가 부모 때문에 아프다면 엄마가 일하기 때문이 아니라 엄마가 자신의 삶에 만족하지 못해 불행하다고 느끼기 때문이다. 그러니 일을 한다는 이유로 무조건 아이에게 미안해하지 마라. 오로지 아이 때문에 일을 포기해서도 안 된다. 아이를 위해 희생하고 있다는 생각이 든 순간, 엄마와 아이의 인생은 힘들어질 수밖에 없다.

일과 아이와 가정은 우리의 삶을 풍요롭게 하기 위해 모두 필요한 것들이다. 분명 일을 통해 깨달을 수 있는 인생의 가치가 있고, 그것은 누구나 경험해 볼 만한 의미 있는 것이라고 생각한다. 그러니 힘들더라도 일과 아이를 저울질하며 둘 중 하나를 성급히 포기하려 하지 말고 두 요소 사이의 비율을 변화시키면서 계속 균형점을 찾아 나가길 바란다.

이 책에는 20년 동안 두 아이를 키우며 끝까지 일을 포기하지 않고, 아이와 나 자신이 모두 행복한 삶을 찾아간 과정이 고스란히 담겨 있다. 때로는 싸워야 했고 때로는 묵묵히 받아들여야 했고 때로는 무조건 버텨야 했던 시간이었다. 이 책을 통해 지금 한창 일과 육아 사이에서 힘들어하는 많은 엄마들이 '일도 잘하고 싶고 아이도 잘 키우고 싶다'는 생각이 허황된 욕심이 아니라는 사실을 깨닫게 되었으면 좋겠다.

작년에 큰아들이 드디어 군대에 갔다. 작은아들도 열여덟 살이 되어, 비로소 나는 육아와 일의 갈등에서 해방되었다. 일하는 엄마로서 아이를 키우는 시간은 기쁨이 넘치기도 했지만 죄책감, 억울함, 그리고 고단함과 좌절도 가득한 시간이었다. 그럴 때마다 나는 스스로에게 물었다.

'나는 왜 일을 하는가?'

나는 일하는 엄마들에게 가장 중요한 것이 이 질문에 자기만의 답을 찾고, 그 가치를 지키기 위해 노력하는 것이라고 생각한다. 그래야 아이가 아프거나 예상치 못한 상황이 발생했을 때 무조건 자신을 책망하며 스스로를 불행한 엄마로 만들지 않고 당당하게 문제를 해결할 방법을 찾아 나설 수 있다.

나에게는 좋은 의사가 되고 싶다는 열망이 있었다. 그 열망이 얼마나 간절했는지 알고 있었기 때문에 힘들어도 포기하지 않고 아이와 내가 모두 행복할 수 있는 현실적인 대안들을 최선을 다해 만들어 갈 수 있었다. 아이에게 미안할 때도 많았고 죄책감에 시달리기도 했지만 돌아보면 그때 일을 포기하지 않았던 나 자신이 참으로 대견하고 고맙다.

경모가 열 살 때 내게 이런 말을 했다. "나는 엄마가 일하는 게 좋아, 자랑스러워." 그때 그동안의 모든 고달픔과 서글픔이 말끔히 씻겨 내려가는 기분을 느꼈다. 다른 사람이 아닌 내 아이가 인정해 주자 그 어느 때보다 행복했고 보람을 느꼈다. 무수한 시행착오를 거친 내가 남달랐던 아이와 함께 이렇게 건강하고 행복하게 인생을 살아가고 있으니, 당신도 그럴 수 있으리라 믿는다.

다시 첫아이를 임신했던 시절로 돌아간다고 해도 나는 '일하는 엄마'로 살 것이다. 아이를 통해 세상 그 누구도 부럽지 않은 충만한 행복을 누릴 수 있었고, 일을 통해 내가 쓸모 있는 사람이라는 자존감을 얻을 수 있었다.

그 누구보다 간절한 마음으로 당신을 응원한다. 엄마로서, 일하는 여성으로서, 아내로서, 며느리로서, 딸로서 누구보다 바쁘게 살아가고 있는 당신에게 지금 당신이 헛된 시간을 보내고 있는 건 아니라고, 조금씩 나아질 거라고 말해 주고 싶다.

그리고 이 책이 세상 그 누구보다 힘들고 고단한 대한민국의 일하는 엄마들과 앞으로 일하는 엄마로 살아갈 모든 딸들에게 위로와 희망이 되기를 바란다. 그래서 그들이 두려움과 불안과 고단함을 넘어서 '엄마됨'을 사랑하게 되고, 사회에서 엄마로서 느낀 따뜻함과 기쁨을 함께 나눌 수 있게 된다면 더 바랄 나위가 없겠다.

2014년 2월
신의진

Contents

Chapter 3 세상을 내 편으로 만드는 6단계 자기 혁명

Chapter 4 일하는 엄마가 꼭 알아야 할 육아의 비밀

Chapter 5 일하는 엄마로 살면서 깨달은 인생의 지혜

Chapter 1
일하는 엄마로 산다는 것

나는 이 책을 통해 일도 잘 하고

아이도 잘 키우고 싶다는 생각이

허황된 욕심이 아니라는 사실을 알려 주고 싶다.

일과 아이와 가정은 우리 삶을 풍요롭게 하기 위해 모두 필요하다.

일을 한다고 아이를 잘 못 키울 일도 없고,

아이 때문에 일을 섣불리 포기할 이유도 없다.

대한민국에서
일하는
엄마로
산다는 것

　　의사 인생에서 가장 육체적으로 힘들다는 레지
던트 1년차에 나는 첫아이를 임신했다. 아침 6시부터 밤 12
시까지 이어지는 병원 업무와 연구 보고서, 3일에 한 번꼴로
돌아오는 당직 때문에 레지던트의 하루 수면 시간은 겨우 서
너 시간 정도다. 게다가 동료들 중 누구 한 명이라도 제몫을
하지 못하면 다른 사람이 잠자는 시간을 줄이고 더 많은 일을
떠맡아야 한다. 자연히 나의 임신 소식은 모두에게 '민폐 예
고'로 들릴 수밖에 없었다. 주위 사람들은 물론이고 가족들
까지 왜 하필 지금 임신을 했냐며 혀를 찼다.

　　안 그래도 한창 바쁠 때 아이가 생겨 두렵기만 한데 위로는
커녕 '계속 일할 수 있겠어?', '그러니까 네가 잘했어야지'라

는 책망 섞인 걱정만 쏟아지자 갑자기 세상에 나 혼자만 뚝 떨어진 것 같은 기분이었다. 지금까지 최선을 다해 일했고 그만큼 인정도 받았는데 단지 임신을 했다는 이유로 죄인 취급을 받는다는 게 너무 분하고 억울했다. 그래서 더욱 이를 악물고 병원에 나갔다. 내가 임신한 건 죄가 아니며 지금 나에게 온 아이 역시 잘못이 없다는 걸 스스로 납득시키고 싶었다.

남들과 똑같이 당직을 서고 뒤처지지 않기 위해 진료도 연구도 더 열심히 했다. 하지만 내가 그렇게 애를 쓴다고 해서 일하는 환경이 좋아지는 것은 아니었다. 오히려 배 속 아이는 생각도 안 하고 독하게 자기 경력만 신경 쓴다고 비난하는 사람도 있었고 나 때문에 자신들이 일을 떠안게 될까 봐 불편해하는 사람도 많았다.

돌아보면 인생에서 가장 행복해야 할 그때 나는 전혀 행복하지 않았다. 오히려 일하는 엄마를 바라보는 냉정한 시선과 야박한 평가에 좌절하는 순간이 더 많았다. 좋은 기회가 오면 '임신했는데 할 수 있겠냐'라는 이유로 양보해야 했고, 힘든 일은 '너만 배려해 줄 수 없어'라는 이유로 공평하게 참여해야 했다. 이러다가 내가 죽지 않을까 생각될 만큼 육체적으로 힘들었고 세상에 내 편은 하나도 없는 것 같은 외로움에 정신은 피폐해졌다.

그래도 아이를 낳고 몸이 좀 가벼워지면 일하기는 더 낫겠지 생각하며 버텼는데 그건 정말 큰 오산이었다. 아이를 낳은 후에는 내가 세상 그 누구보다 서툰 초보 엄마라는 사실을 매 순간 깨달으며 또 다른 좌절을 맛보았다. 게다가 큰아들 경모는 남다른 아이였다. 유난히 불안해하고 예민한데다 보통 아이들과 다른 행동을 해서 수시로 모든 가족들을 기절할 만큼 놀라게 만들었던 큰아이. 특별한 돌봄이 필요했던 아이를 가슴에 돌처럼 매단 채 사직서를 품고 다닌 세월이 10년이 넘는다.

그래서일까. 진료실에서, 강연장에서 만나는 일하는 엄마들의 이야기를 들으면 그때 생각이 나 마음이 찡하다. 과거에 비해 일하는 엄마들의 어려움을 이해하려는 노력도, 도움을 주는 정책도 많이 생겨나고 있다고는 하지만 일하는 엄마들의 삶은 여전히 세상 그 누구보다 바쁘고 고단한 것이 현실이다. 아무리 일찍 일어나도 아침 시간은 언제나 허둥지둥하고, 아무리 일찍 퇴근을 하고 돌아와도 아이와 눈을 맞추고 놀아 줄 수 있는 시간은 한두 시간이 될까 말까다.

그런 엄마들에게 마음을 알아주는 따뜻한 말 한마디 없이 엄마니까 무조건 참고 견디라고, 엄마가 좀 더 부지런해지면 되지 않겠냐고 충고하는 사람들을 볼 때마다 나는 이렇게 말해 주고 싶다. 단 한 달이라도 일하는 엄마로 살아 보라고 말이다. 그리고 아이를 키우며 일한다는 게 회사와 가정, 나 자신과 아이 사이에서 얼마나 위태로운 줄타기를 해야 하는 일인지 이해하고 있느냐고 묻고 싶어진다.

진퇴양난, 사면초가의 대한민국 엄마들

엄마만 보면 장난감을 집어 던지고 벽에 머리를 박는 공격적인 행동을 하는 아이 때문에 나를 찾아온 엄마가 있었다. 그녀는 대기업 대리로 다섯 살, 두 살 남매를 둔 일하는 엄마였다. 한창 일이 많은 시기라 하루 종일 시간을 낼 수 없어 매번 점심시간을 이용해 병원에 들른다고 했다. 그런데 그날따라 아이보다 엄마가 더 힘들어 보였다. 무슨 일이 있느냐고 묻자 그녀가 울먹이며 말했다.

"선생님, 지난번 진료하고 돌아가는 길에 아이가 갑자기 어린이집에 가기 싫다며 길 한가운데서 울고불고 떼를 쓰는 거예요. 겨우겨우 달래고 얼러서 어린이집에 데려다 주고 정신 없이 다시 회사에 들어가는데, 길가 커피숍에서 어떤 엄마를 봤어요. 커피 한 잔 앞에 두고 아이랑 까르르 웃으면서 놀아 주고 있더라고요. 하, 솔직히 정말 부러웠어요. '나도 저렇게 아이랑 놀아 줄 수 있는데, 우리 준서도 저렇게 신 나게 웃는 아이였는데, 나는 뭐 때문에 우는 애를 억지로 어린이집에 맡기고 일하러 가는 거지?' 하는 생각이 드니까 맥이 탁 풀리더라고요. 저 그냥 일을 그만두는 게 나을까요? 제가 직접 키우면 우리 준서가 나아질까요?"

나름대로 열심히 일과 육아와 가사를 병행하며 꿋꿋하게 버텨 왔는데, 둘째 아이가 엄마와의 불안한 애착 관계 때문에 아프다는 사실을 안 순간 무너져 버린 것이다. 눈물이 그렁그렁해서 속내를 털어놓는 그녀를 보면서 잠시 말문이 막혔다. 일일이 말하지 않아도 그녀의 하루하루가 눈에 잡힐 듯 그려졌기 때문이다. 끝내 눈물을 떨구는 그녀에게 휴지를 건네며 다독였다.

"그래도 준서는 지금 나아지고 있어요. 잘해 나가고 있으니까 힘내요."

"죄송해요. 사실 요새 너무 힘들었거든요. 같이 입사했던 남자 동기들은 벌써 과장으로 승진한 사람도 있고, 단독 프로젝트도 맡아서 하는데 저는 지금 부서에서 자리도 못 잡고 있어요. 아무리 아등바등 애를 써도 제 자리 하나 지킬 수가 없네요."

그녀는 그 어느 때보다 진지하게 퇴직을 고민하고 있었다.

'엄마'라는 이름표를 받는 순간부터 대한민국에서 일하는 여성들은 하루도 마음 편할 날이 없다. 아이가 생겼다는 기쁨을 만끽할 여유도 없이 언제쯤 출산 휴가를 가야 회사의 눈총을 덜 받으면서도 최대한 길게 아이와 함께할 수 있을지를 생각해야 하고, 만약 육아휴직이라도 낸다면 어떻게 해야 조직에 민폐를 끼치지 않으면서 승진이나 중요한 프로젝트 등 앞으로의 커리어에도 무리가 가지 않을지 온갖 경우의 수를 따져 봐야 한다. 어디 그뿐인가. 출산 휴가를 끝내고 회사에 복귀할 때가 되면 '내가 너무 이기적인 엄마는 아닐까'라는 생각을 떨칠 수 없다. 일이 좋아서 스스로 선택한 엄마든, 경제사정 때문에 어쩔 수 없이 일터로 나가야 하는 엄마든, 젖도 못 뗀 아이를 어린이집에 맡기고 돌아설 때 울컥 눈물이 솟는 것은 모두 마찬가지다.

그렇게 일터로 나간 뒤에는 또 어떤가. 아이는 아무 일 없이 잘 지내고 있는지 궁금한 마음을 억누르며 일에 쫓겨야 하고, 혹시 아이에게 문제가 생겨도 병원에 입원할 만큼 급한 일이 아니면 초조하게 퇴근 시간을 기다리는 것밖에는 할 수 있는 일이 없다.

그렇다고 퇴근하는 마음이 편한 것도 아니다. 아이 키우느라 회사 일에 소홀하다는 평가를 받고 있는 것은 아닐까, 이러다가 아이도 제대로 못 키우고 일도 못하는 무능력한 사람이 되어 낙오하는 것은 아닐까, 자꾸만 하루 동안 한 일을 곱씹어 보고 더 잘할 수는 없었는지 자신을 다그친다. 그러다가 준서 엄마처럼 아이가 아프다는 이야기를 들으면 내가 이렇게까지 해서 얻는 게 뭘까 싶고, 일 때문에 아이에게 상처만 주고 있다는 죄책감에 사표를 쓸 생각부터 하게 된다.

그 어느 때보다 똑똑하고 유능한 여성들이 다양한 분야에서 활약하는 시대이지만 직종과 경력, 연봉의 차이와는 상관없이 '일하는 엄마'들이 겪는 고충은 예나 지금이나 크게 달라지지 않은 것이 현실이다.

결혼도 안 하고 아이도 안 낳고

1983년 내가 대학에 입학했을 때만 해도 의과대학 신입생 가운데 여자는 한 손으로 꼽을 정도였는데 지금은 무려 신입생의 40퍼센트가 여학생이라고 한다. 또 옛날에는 똑똑한 몇몇 여학생들만 대학에 진학했는데 지금은 여학생들이 학교 내신, 대학 입시, 입사 시험, 고등고시 등 모든 시험에서 상위를 차지하고 있다. 여학생의 대학 진학률도 1990년 31.9퍼센트에서 2009년 82.4퍼센트로, 남학생의 81.6퍼센트보다 앞섰다. 20대 여성의 경제활동 참가율도 2012년에 들어서는 남성을 앞질렀다고 한다.

그런데 이 유능한 여성들이 30대가 되어 가정을 꾸리고 나면 경제활동에 참여하는 비율은 절반 이하로 뚝 떨어진다. 남편 못지않은 연봉을 받고 똑같은 시간, 똑같은 업무 강도로 일하고 돌아와도 엄마라는 이유로 육아와 집안일에서 훨씬 더 많은 책임을 져야 하기 때문이다. 그렇게 일과 가정 사이에서 균형을 잡기 위해 애쓰다 결국 회사를 그만두는 여성들이 많다. 그러다 아이를 키워 놓고 다시 사회에 나오려고 하면 그것도 쉽지 않다. 분명 그들이 사회에 나올 때만 해도 출중한 능력을 인정받았는데, 3~4년 사이에 시대에 뒤처진 '경력 단절 여성'이 되어 버리는 것이다.

선배 여성들이 출산과 육아 때문에 직장을 그만두고 전업주부로 돌아가는 모습과 직장과 친정에 온갖 폐를 끼쳐 가며 '구질구질하게' 일을 하는 워킹맘의 모습을 함께 지켜본 젊은 여성들이 선택한 것은 '어쨌든 아이 낳지 않기'다. 결혼을 될 수 있는 한 늦추거나, 아예 포기하거나, 또는 결혼하더라도 딩크족(DINK, 일부러 아이를 낳지 않는 맞벌이 부부)이 되는 사례가 늘어나고 있다.

그들이 아이를 낳지 않는 이유는 단지 '힘들어서', '일이 너무 좋아서', '잘 키울 자신이 없어서', '아이를 좋아하지 않아서'와 같은 소극적인 이유에 그치지 않는다. 어느 딩크 부부는 "이 경쟁적이고 비인간적인 사회에서 아이가 살아갈 것을 생각하니 아이를 낳지 않는 것이 그 아이를 사랑하는 일이라는 걸 알았다. 아이를 낳은 다음에 아이에게 집착하지 않고 내 욕망을 투사하지 않을 자신이 없다"라고 했다. 아이를 낳지 않는 것이 오히려 인간적인 삶을 지키는 길이라고 확신하는 이 부부에게 우리 사회는 어떤 대답도 하고 있지 못한 것이 현실이다.

우리나라의 출산율은 몇 년째 세계 최저를 기록하면서 급속하게 '노령화 사회'로 가고 있다. 쓸 만한 자연 자원이 부족한 우리나라에서 경제력을 유지하려면 고급 인재는 반드시 필요하다. 그렇다 보니 국가는 줄어드는 청년 노동력의 대안으로 유능한 '여성 노동력'에 눈을 돌리기 시작했다. "국가가 아이 양육을 책임진다"며 0~5세 무상 보육을 실시하고, '육아기 근로시간 단축 청구권제' 등의 제도를 도입했다. 실제로 통계상으로 보면 보육 기관은 10년 전보다 많아졌고, 아이를 키우는 부모를 위한 경제적인 지원도 늘어났다. 그러나 아무리 제도가 마련되어도 일하는 엄마를 둘러싼 근본적인 '의식 혁명'이 일어나지 않는 한 어떤 제도도 일하는 엄마의 고충을 해결할 수 없다는 것이 내 생각이다.

일이냐 가정이냐

2010년 열린 유럽의회에서 리치아 론줄리라는 여성 의원이 언론의 뜨거운 주목을 받았다. 생후 6주 된 딸

아이를 안고 표결에 참석한 것이다. 그녀는 "임신과 직업, 사회생활과 가사를 병행할 수 없는 모든 여성을 위해 딸과 함께 이 자리에 왔다"고 밝혔다. 그 후로 3년째 론줄리 의원은 딸과 함께 의회에 출석하고 있다.

나는 그녀에게서 '당당함'을 보았다. 20년 동안 일하는 엄마로 살아오면서 내가 깨달은 것 역시 엄마 스스로 당당해야 한다는 것이다. 일하기 때문에 좋은 엄마가 될 수 없다는 죄책감은 아이에게도, 가족에게도, 동료에게도, 심지어 자기 자신에게도 도움이 되지 않는다. 일을 하든 하지 않든 아이에게 더 잘해 주지 못하는 미안함은 모든 부모가 가지고 있다. 그걸 굳이 일과 결부시켜 스스로에게 상처를 주어서는 안 된다.

지금 대한민국 30~40대 기혼 여성들의 화두는 '일과 가정' 또는 '일과 육아'다. 일하는 엄마는 일과 육아 둘 다 잡느라 힘들고, 전업주부는 전업주부대로 일도 포기하고 육아에 모든 것을 걸었는데 그만큼 아이를 잘 키우지 못하는 것 같아 불안하다.

그런데 과거와 한 가지 달라진 점이 있다면 지금 일을 하고 있든 아니든 일에서 완전히 자유로운 여성은 없다는 점이다. 실제로 많은 전업주부들이 아이가 초등 고학년만 올라가면 언제든지 일을 하리라 마음먹고 있는 '잠재적 워킹맘'으로 살고 있다. 결국 일하는 엄마들이 일과 가정 사이에서 적절한 균형점을 찾아내는 것은 아이를 키우고 있는 모든 엄마와 미래에 워킹맘으로 살아갈 딸들을 위한 일이 될 것이다.

당신은
어떤 엄마,
어떤 아내로
살고 있는가?

나는 경상도 부산에서 태어나 유난히 보수적인 환경에서 자랐다. '여자라면 이렇게 행동해야 한다, 하지 말아야 한다'와 같은 제약과 간섭이 많기는 했지만 내가 결혼하기 전까지만 해도 그 편견의 벽이 아주 높고 거대하게 느껴지지는 않았다. 하지만 진짜 문제는 부산 남자인 남편을 만나 결혼하면서부터 시작됐다.

나도 한때는 슈퍼우먼이었다

남편은 내게 일을 그만두라고 말하지는 않았지만, 그것만으로도 자신은 상당히 이해심이 많은 사람이라고 생각할 만큼 아주 보수적인 사람이었다. 그러니 거기에 대고 "왜 나 혼자서만 아이를 키우고 살림을 하느냐"고 하소연해 봤자 소용없는 일이었다.

레지던트 1년차 끝 무렵에 아이를 낳아서 육아휴직은커녕 몸조리도 제대로 못하고 한 달 만에 병원에 복귀한 나는 그동안 빠진 당직을 서느라 매일 새벽까지 근무를 했다. 그때는 펠로우 1년차인 남편이 아이를 데리고 자곤 했는데, 내가 당직을 마치고 밤늦게 살금살금 들어와 건넌방에서 눈을 붙이고 있을라치면 아이는 두 시간마다 깨어 울어댔다. 그럴 때마다 용수철처럼 벌떡 일어나는 건 엄마인 나였다. 한밤중에 몇 번씩 깨어 아이를 돌보고 비몽사몽간에 아침을 맞으면 남편은 해맑은 얼굴로 "어젯밤엔 애가 한 번도 안 깨고 잘 잤네"라고 말해 내 말문을 막히게 했다.

그렇다고 남편이 집안일을 적극적으로 도와주는 것도 아니었다. 하루 종일 환자를 보고 파김치가 되어 집으로 돌아온 내가 엉덩이 한 번 바닥에 못 붙이고 칭얼대는 아이를 달래고 있으면 남편은 12시, 1시가 넘어 들어와서 너무도 당연하게 밥을 찾았다. 그땐 너무 기가 막혀서 싸울 힘도 나지 않았다.

매일 억울함이 쌓여 갔다. 바쁜 것으로 치자면 남편이나 나나 매한가지였다. 두 사람 모두 공부와 논문 때문에 밤잠을 아껴야 했고, 하루 종일 병원 일에 시달렸다. 또 집안일을 해

본 경험이 없는 것도 남편이나 나나 똑같았다. 누군들 결혼하기 전에 손에 물 한 방울 묻혀 봤느냐 말이다. 그러나 남편은 하루가 멀다 하고 늦게 귀가했고, 일과 후 선후배 모임에도 빠지는 법이 없었다.

반면 나는 매일매일 병원 일에 육아에 발을 동동 굴렀다. 어느 쪽도 놓치지 않고 문제없이 해내야 한다는 생각에 전전긍긍하며 날카롭게 신경을 곤두세웠다. 그러면서도 왜 나만 모든 걸 해내야 하는지 불공평하고 억울하다는 생각을 떨칠 수 없었다. 아이는 분명 남편과 내가 함께 만들었고, 내가 엄마인 것처럼 그 사람은 분명히 아빠인데, 왜 아이를 키우는 책임은 '나 혼자만' 져야 하는가. 남편은 직장에서 인정받고 나날이 승승장구한다는데 그것도 보기 싫었다. 나는 어느새 남편을 남몰래 미워하고 원망하고 있었다.

혼자 괴로워하던 나는 내가 가장 믿고 의지하고 있었던 친정아버지에게 위로를 받고 싶어서 하소연을 했다.

"아버지, 너무 힘들어요. 결혼을 혼자 한 것도 아니고, 아이도 같이 낳았는데 어떻게 아이를 낳고 기르는 게 모두 저 혼자만의 책임이에요? 낳는 걸 여자가 다 했으니 최소한 키우는 건 같이 해야 하는 거 아니에요?"

아버지는 내 말을 묵묵히 듣고 계시다가 한참 후에 어렵게 말을 떼셨다.

"그래서 여자의 삶이 남자보다 힘든 것 아니겠니?"

최후의 보루로 여겼던 친정아버지마저 나의 마음을 몰라 주는 것 같아 참았던 울음이 터져 나왔다. 아버지는 그 모습을 물끄러미 보다가 말을 이으셨다.

"아빠가 보기에도 여자들의 짐이 너무 무거운 것 같다. 세계 어디를 가도 그래. 하지만 어쩔 수 없는 일 아니겠니. 세상이 거꾸로 뒤집히지 않는 이상 여자가 아이를 키우는 건 우주의 섭리이고……. 만약 둘 중에 한 명이 일을 그만두어야 하는 상황이 오면 네가 그만둬야지 홍 서방이 그만둘 수는 없는 노릇이잖니."

나는 더 이상 아무 말도 할 수 없었다. 사람 한 명 지나가지 않는 드넓은 사막에 아이와 나만 내던져진 것 같았다. 그냥 이 힘든 걸 받아들여야 하는 거구나. 무거운 책임감과 두려움, 억울함, 그리고 외로움이 한꺼번에 몰려왔다.

한 줄기 빛을 만나다─정신분석 수련

그 이후 나는 잠시 동안 아버지의 말대로 살아 보려고 애썼다. 집안일도 잘하기 위해 노력했고, 아이에게는 물론 시댁에도 더욱 최선을 다했다. 일을 한다는 이유로 집안일이나 가족에게 소홀하다는 말은 듣기 싫었다. 그때 나는 누가 봐도 일과 가정 모두에서 만점을 받으려고 애쓰는 슈퍼우먼이었다. 그렇지만 머리와 마음이 '이해할 수 없어'라고 외치는 것을 외면하고, 해결되지 않는 분노와 상처를 대충 덮어 두고 사는 것은 마치 영혼 없는 껍데기로 사는 느낌이었다.

마침 그 무렵 정신과 레지던트 수련의 한 과정으로 정신분석이 시작되었다. 정신분석은 무의식에 억압된 갈등을 의식의 수면 위로 떠올려 자신의 내면을 들여다보고 현실을 직시하게 하여 스스로를 분석할 수 있는 능력을 심어 주는 치료다.

치료 세션에 들어가면 자신이 생각한 것, 이미지로 떠올린 것, 느낀 것 등을 있는 그대로 말해야 한다. 머리 한쪽 편에 꼭꼭 숨겨 두었던 '○○해야 한다'는 강박을 내려놓자 온갖 감정이 폭발적으로 올라왔다. 비로소 숨통이 터지는 느낌이었다.

내가 분노의 원인을 찾아낼 수 있도록 선생님은 계속 질문을 던졌다.

"왜 남편이 밤늦게 들어와 밥을 차려 달라고 할 때 아무 말 않고 들어주었나요?"

"왜 억울한 마음이 드나요?"

"왜 사람들은 여자라는 이유로 육아를 책임지라고 하는 걸까요?"

"왜 본인은 아이 때문에 일을 못할 거라고 생각하나요?"

이렇게 '왜?'라는 질문을 계속 받으니 서서히 내가 가진 감정과 생각의 근원을 보게 되었다. 그 근원에는 정신분석학자 칼 융이 말한 '집단무의식'이 있었다.

집단무의식이란 인류가 진화의 과정을 거쳐서 현재에 이르기까지의 오랜 경험을 통해서 저장해 온 모든 잠재적 기억의 흔적을 말한다. 인간은 사회적 동물이기에 이 집단무의식에서 누구도 자유로울 수 없다. 한 개인이 아무리 은밀하고 사적인 결정을 내린다 해도 그것은 필연적으로 가족, 사회, 민족, 국가 등의 집단이 오랫동안 전승해 온 가치의 산물일 수밖에 없다.

나는 정신분석 수련을 통해서 지금 나를 힘들게 하는 의무들이 오래전부터 사람들의 생각을 지배해 온 무의식에서 비롯된 것이라는 점을 깨달았다. '여자니까, 엄마니까 이래야 한다'는 역할 규정은 인류가 가진 집단무의식의 산물이었고, 대대로 엄마가 딸에게 가르쳐 주며 정착된 역사적 자아(historical self)였다. 내가 아무리 거부하려고 해도 완전하게 벗어날 수는 없었다.

그 사실을 깨닫고 나니 남편과 병원, 사회가 내게 강요한 의무들이 나를 괴롭히기 위해 만들어진 것이 아니라는 사실을 알게 되었다. 그리고 일을 하면서도 가정도 멋지게 꾸려 나가는 현모양처가 되어야 한다는 강박관념 역시, 자식을 위해서는 엄마가 희생해야 한다는 오래된 믿음에서 비롯된 '현모양처 증후군'이라는 사회적 무의식이라는 것도 깨닫게 되었다. 일도, 육아도, 집안일도 완벽하게 해내야 한다는 생각은 수백 년 동안 전해 내려와 미처 거부할 생각도 못할 만큼 자연스럽게 내면화된 것이었다. 그래서 일하는 엄마들은 그 생각이 잘못된 것일지도 모른다는 의심도 하지 못하고 완벽하게 해내지 못하는 자신에게만 비난의 화살을 돌렸던 것이다.

문제의 근원과 마주하고 나니 신기하게도 마음이 편해졌다. 여전히 육아는 나의 몫이었지만 바뀌지 않는 현실을 억울해하며 헛된 분노만 키우는 일은 더 이상 일어나지 않았다. 그 대신 차분히 '내가 진정으로 원하는 것은 무엇일까'를 먼저 따져 보게 되었다.

남편과 문제가 생겼을 때도 '그래, 당신은 그렇게 생각할 수밖에 없는 사람인 거야'라고 인정을 해 버리고 감정을 폭발하기보다 다른 방식으로 문제를 해결하는 데 집중하게 되었다. 이렇게 될 수 있었던 것은 나에게 주어진 의무들이 내가 선택한 것이 아닌 '사회적 의무'이고, 내가 원하지 않는다면 그것을 모두 따를 필요도 없고, 거부해도 된다는 기준을 명확히 세웠기 때문이었다.

나는 내가 원하는 모습으로 살고 있는가

다행스럽게도 지금은 육아에 적극적으로 참여하는 아빠들이 늘고 있고, 집안일도 부부가 나눠서 책임져야 한다는 게 보편적인 생각이다. 하지만 아직 갈 길이 멀다. 특히 육아는 엄마의 몫이라는 생각이 여전히 우리의 무의식을 단단하게 옭아매고 있다. 남녀 차별은 구시대적이라고 생각하는 여성들도 육아라는 단어 앞에서는 자신도 모르게 마음이 약해져서 '역시 아이는 엄마가……'라고 생각하게 되니 말이다.

나는 대한민국에서 일하는 엄마로 살고 있는, 아마 세상에서 가장 몸과 마음이 고단할 당신에게 그 녹록치 않은 과정을 이겨 내기 위한 첫걸음으로 부디 스스로가 어떤 엄마, 어떤 아내로 살고 있는지 돌아보길 권한다.

부모의 기대를 충족시키려는 착한 딸, 시댁에서 인정받으려는 착한 며느리, 아이들을 위해 자신을 희생하고 있는 헌신적인 엄마, 일과 가정 모두에서 완벽한 아내로 살아야 한다는 생각 때문에 간단한 일을 더 복잡하게 만들며 스스로를 괴롭히고 있는 건 아닌지 돌아보라. 또한 그것이 과연 당신 영혼이 진정으로 원해서 선택한 일인지, 자기도 모르게 강요된 일인지 되물어 보라. 일하는 엄마들이 원죄처럼 갖고 있는 죄책감에서 해방되는 일은 바로 거기에서부터 시작될 수 있다.

죄책감은
당신을
망칠 뿐이다

몇 년 전 TV에서 한 프로그램을 보다가 깜짝 놀란 적이 있다. 30대 젊은 엄마가 유치원생인 두 아이를 키우면서 마트 계산원 일에, 집에서 부업까지 하며 억척스레 살고 있었다. 그 집의 벽이란 벽은 모두 책장으로 채워져 있었고, 바닥에는 자리를 잡지 못한 책과 교재, 교구가 가득 쌓여 있었다. 그녀는 아이들을 영어 유치원에 보내고 더 많은 교육을 시키기 위해 여러 개의 부업을 하고 있다고 말했다. 언뜻 봐도 '아이들이 받아들이기엔 너무 과한 교육열이구나' 싶은데, 그녀는 한술 더 떠 "수학도 더 해야 하고, 이제 논술도 시작해야 하는데 아직 그럴 여유는 없네요. 벌써 다른 애들은 다 시작했대요. 애들한테 좋은 교육을 시켜 주려면 일을 더

해야 할 것 같아요"라고 말하는 거였다.

정작 아이들이 그런 상황을 어떻게 받아들이는지는 TV에 나오지 않았지만 20년 가까이 아이들을 만나 온 소아정신과 의사로서 그건 보지 않아도 알 수 있었다. 아마 아직 유치원생인 두 아이들은 그럭저럭 엄마의 말을 잘 따를 것이다. 엄마도 아이들이 투정 부리지 않고 책을 읽고 학원에 가는 것만으로 지금은 만족감을 느낄 것이다.

그러나 아이들이 초등학교에 들어가면 불화는 시작된다. 엄마는 자신이 쏟아부은 돈과 시간만큼 아이가 좋은 성적을 받아 오길 원할 것이고, 아이는 학교라는 낯선 환경에 적응하랴, 공부하랴 힘든 시간을 보내다가 사춘기에 접어들자마자 반항하기 시작할 것이다. 그러면 엄마는 뚝뚝 떨어지는 성적과 반항하는 아이를 받아들일 수 없어 극도로 괴로워하다가 우리 애가 이상하다며 병원이나 상담소를 찾거나 우울증에 빠질 것이다.

이 엄마처럼 '아이의 교육을 위해서' 돈을 벌어야 한다고 말하는 엄마들이 있다. 어떤 엄마들은 아이를 좋은 유치원, 좋은 학원에 보내는 것으로 일을 하느라 제대로 돌봐 주지 못하는 것을 보상하려고 하기도 한다. 하지만 나는 '아이의 성적을 위해서', '미래를 위해서'라는 말로 시작한 교육열이 날카로운 칼날이 되어 아이를 아프게 하는 경우를 흔치 않게 볼 수 있었다.

엄마를 죽이고 시신을 8개월 동안 집에 방치했던 한 고교생의 이야기를 기억하는가. 이 엄마는 아들을 거의 감금하다시피 키웠으며 공부를 하지 않으면 골프채와 야구방망이로 엉덩이에 피가 나도록 때렸다. 전국 1등과 서울대학교를 강요했고, 정신력을 길러야 한다며 밥도 주지 않고 잠도 재우지 않았다. 아들은 엄마가 원하는 성적을 받지 못하자 성적표를 고쳤고, 그 사실이 탄로 날 위기에 처하자 그만 일을 저지르고 말았다.

이 사건을 접한 많은 엄마들은 그 고교생을 비난하기보다 '나는 과연 어떤 엄마인가?'를 돌아보았다고 한다. 정도만 다를 뿐 아이를 자신의 성취 수단으로 보았다는 데에서 그 엄마와 자신이 다를 바가 없다고 느꼈다는 엄마도 있었다.

정신분석학의 관점에서 보면 고교생의 엄마와 몇 개의 부업을 하는 30대 젊은 엄마는 같은 덫에 빠져 있다. 바로 '좋은 엄마 콤플렉스'다.

내 아이에게 좋은 것만 해 주고 싶다는 마음이 아이를 1등으로 만들겠다는 욕심으로 바뀌고, 거기에 과도한 엄마의 관심과 물질적 투자가 더해지면 1등이 아니면 절대 안 된다는 지나친 기대가 생겨 난다. 결국 엄마는 아이에게 자신이 노력한 만큼의 보상을 요구하게 되고 아이는 지나친 기대에 겁을 먹고 도망친다.

이렇게 부모와 아이 사이의 관계를 극도로 악화시키는 좋은 엄마 콤플렉스 뒤에는 '죄책감'이 도사리고 있다.

죄책감의 두 가지 모습

엄마라면 누구나 아이를 키우면서 크든 작든 죄책감을 경험한다. 아이가 모기에라도 물리면 엄마인 내가 제대로 보호를 못해서 그런 것 같고, 아이가 넘어지는 것도, 밥을 잘 먹지 않는 것도 모두 다 엄마 책임인 것만 같다.

엄마들이 가지는 이런 죄책감은 두 가지로 나누어 살펴보아야 한다. 하나는 '아이를 책임져야 한다'는 원초적 본능에서 온 죄책감이다. 엄마는 아이를 열 달 동안 배 속에서 키운다. 엄마가 먹고 듣는 것을 아이도 먹고 들으며, 아이의 발차기를 엄마도 온몸으로 느낀다. 한 연구에 따르면 엄마들이 자기 아이를 볼 때와 남의 아이를 볼 때 뇌가 활성화되는 부분이 다르다고 한다. 아이가 세상에 태어나 살아남기 위해 엄마와 애착 관계를 이루는 것만큼 엄마도 '내 아이'에 대해 강한 애착을 갖고 있다는 것이다.

이 애착 덕에 엄마들은 최소 만 3년 동안 아무리 힘들어도 아이를 돌볼 수 있는 힘을 가지며, 아이가 다치거나 아팠을 때 본능적으로 '내 잘못이다'라는 죄책감을 느끼게 된다. 오히려 이런 마음이 없다면 우울하거나 지쳐 있는 건 아닌지를 걱정해야 할 만큼 이것은 자연스럽고 본능적인 감정이다.

그러나 두 번째 죄책감은 근원이 다르다. 아담과 이브가 에덴동산에서 아무 부끄러움 없이 옷을 벗고 있다가 뱀이 '그건 부끄러운 일이야'라고 말한 이후부터 수치심과 죄책감을 느끼고 몸을 가린 것처럼, 두 번째 죄책감은 사회의 평가 기준으로 스스로를 판단할 때 생긴다. 즉 '엄마라면 이러저러해야 한다'라는 사회적 평가 기준에 따라 '좋은 엄마가 되어야 한다'는 강박관념을 가지면 그렇지 못한 자신을 보면서 스스로 죄책감을 만들어 내는 것이다.

이런 죄책감에 빠져 있는 엄마들의 말을 들어 보면 '○○해야 한다'는 생각만 있을 뿐, 현재 아이들이 어떤 생각과 감정 속에서 어떤 행동을 보이는지 혹은 객관적으로 어떤 일이 벌어지고 있는지에 대해서는 아는 것이 없다.

첫 번째 죄책감이 책임감을 강화시켜 엄마가 아이를 잘 돌볼 수 있는 힘을 길러 주는 것이라면 두 번째 죄책감은 엄마를 상황 논리에 가두고 과거에 잘못했던 일을 반복해서 재생하게 만든다. 그래서 두 번째 죄책감에 빠진 엄마들은 늘 좋은 엄마가 되어야 한다는 불안에 시달리고, 자신이 생각하는 좋은 엄마가 되지 못할까 봐 과도하게 아이의 성적에 집착하거나, 아이가 기죽을까 봐 아이가 원하는 것이라면 뭐든지 해 주는 엄마가 된다.

일하는 엄마가 꼭 벗어나야 할 죄책감

우리 사회는 의식적이든, 무의식적이든 육아와 가사의 1차 책임을 엄마에게 돌리는 문화다. 그렇다 보니 아이 곁을 떠나 직장에서 일하는 엄마의 죄책감은 아이와 함께 있는 엄마보다 몇 배는 더 클 수밖에 없다. 불가피하게 아이를 돌볼 수 없는 상황인데도 남편보다 1000배 정도의 죄책감을 느끼고, 아이가 아프거나 학교에서 문제가 생기면 '내가 옆에서 봐 줘야 하는데……' 하며 자신에게로 비난의 화살을 돌린다. 일을 한다는 사실 자체가 좋은 엄마가 되기를 포기한 증거라도 되는 것처럼 미안한 감정을 감추지 못한다. 그렇게 너무나 당연하게 일하는 엄마들은 죄책감의 포로가 된다.

나 역시 이런 죄책감에서 자유롭지 못했다. 경모를 임신하고 7킬로그램이나 빠진 상태에서 링거를 맞으며 레지던트 생활을 할 때, 아이 낳고 돌봐 줄 사람을 구하지 못해서 전전긍긍할 때, 예민한 경모가 나에게 집착하며 잠시도 떨어지지 않으려 할 때마다 일을 하고 싶다는 이기적인 이유로 아이를 희생시키는 건 아닐까 수도 없이 고민했다.

출근하는 내 어깨를 끌어안으며 매달리는 경모와 한바탕 눈물의 이별을 하고 병원에 도착한 어느 날, 이제 결단을 내려야겠다는 생각이 들었다. 나는 스스로에게 물었다. '의사의 길을 여기에서 포기할 수 있는가?', '아이에게 네 희생을 보상받으려 하지 않고 있는 그대로 아이를 존중할 수 있는가?'

그 순간 옛 기억이 떠올랐다. 나에게 당신의 꿈을 보상받으려고 하셨던 우리 엄마.

나는 엄마의 대리인이나 마찬가지였다. 엄마는 내 성적이 자신의 성적인 것처럼 단 1점에도 일희일비하셨다. 엄마의 기대에 부응하기 위해 더 열심히 공부해야 한다고 생각하기도 했지만 과도한 기대가 부담스럽지 않은 것은 아니었다. 사춘기 시절에는 차라리 엄마가 일을 하러 나갔으면 좋겠다고 생각하기도 했다.

그런데 내가 일을 그만두고 집에 있게 된다면 그토록 싫어했던 엄마의 그 모습을 똑같이 닮을 것 같았다. 평생 그런 교육을 받으며 살아왔는데 내가 무슨 재주로 획기적인 교육관을 펼치겠는가. 게다가 나는 무언가를 성취할 때 큰 만족을 느끼는 사람이었다. 그런 내가 일을 그만둔다고 하면 설령 그게 내 선택이었을지라도 정신과 의사가 되지 못한 한을 아이에게 쏟아붓고 아이가 그 꿈을 대신 실현하도록 강요할 게 뻔했다. 더 생각하지 않아도 공부 때문에 아이를 이 잡듯이 잡는 내 모습이 선명하게 그려졌다.

그러고 나니 상황이 명료해졌다. 일을 그만두면 분명 나는 행복하지 않을 테고 아이에게 집착할 텐데, 우울한 엄마가 아이와 둘이 집에 남겨지는 것보다는 이대로 직장을 계속 다니는 게 훨씬 나은 선택이었다.

그리고 경모에게는 엄마 못지않게 정성껏 돌봐 주는 도우미 아주머니가 있었다. 주말에는 엄마인 내가 최선을 다해 놀아 주었고, 아빠가 바빠서 놀아 주지 못할 때는 에너지 넘치는 외삼촌이 와서 몸으로 놀아 주었다. 정신과 의사로서 봤을 때 그 정도면 꽤 괜찮은, 중간 이상의 환경인 건 분명했다.

그 이후 나는 아이에게 문제가 생겼을 때 죄책감에 빠지기보다는 '어떤 해결책이 있을까?'에 골몰하게 되었다. 아마 죄책감 문제를 그때 정리하지 못했다면 아픈 아이를 둔 일하는 엄마로서 이만큼 달려오기가 힘들었을 것이다.

스스로의 선택에 책임지기

아이에게 일어난 일이 모두 자신의 잘못이라고 느껴지는가? 그래서 지금 당장 아이에게 이것도 해 줘야 될 것 같고, 저것도 시키지 않으면 불안한가? 아이 생각 때문에 직장 일에 집중하지 못하고 일의 가치를 자꾸 의심하게 되는가? 만약 그렇다면 당신은 지금 '좋은 엄마가 아니다'라는 죄책감에 시달리고 있는 것이다.

그러나 좋은 엄마란 정해진 게 아니다. 아이들의 성향과 모습이 모두 다르듯 그에 맞는 좋은 엄마의 모습도 모두 다를 수밖에 없다. 일반적으로 '○○해야 한다'라는 것은 그야말로 사회가 만든 그들만의 평가 잣대이자 환상일 뿐, 당신은 당신 자체로 아이에게 세상에서 하나뿐인 가장 특별한 엄마다.

누구도 당신에게 이래라저래라 할 권리는 없으며 모든 선택은 당신에게 있음을 꼭 기억하기 바란다. 더불어 죄책감은 당신뿐 아니라 당신의 아이, 당신의 가정까지 망칠 수 있다는 사실도.

'아무 문제 없다'고
말하는 엄마가
가장 위험한 이유

병원에서 만났던 엄마들 가운데 내가 '좀비 엄마'라고 이름 붙인 엄마들이 있다. 이 엄마들에게 아이와 함께 놀이실에서 놀아 보라고 하면 '엄마랑 아이가 재미있게 노는구나'라는 느낌이 전혀 들지 않는다. 엄마는 무표정하게 앉아 있고 아이는 혼자서 논다. 그나마도 놀이 하나에 깊이 빠지지 못하고 이것저것 구경만 하다 마는 정도다. 가끔씩 아이에게 말을 거는 좀비 엄마들도 있지만 그저 지시적인 말로 "이 퍼즐 끼워 봐", "이건 뭐야?"라며 가르칠 뿐 웃지를 않는다. 내가 "가르치지 말고 그냥 놀아 보세요" 하면 "지금 놀고 있는데요?"라고 반문하는 엄마들.

이 엄마들은 어떤 목적 없이 아이와 즐거움을 나누는 것에 대한 경험이 전혀 없어서 '아이와 논다'는 게 무엇인지를 모른다. 이들에게 아이와 잘 교감하는 엄마들의 모습을 보여 주면 "전 저렇게 '오버' 못해요"라며 손사래를 친다.

그런데 아이들은 '오버'하는 어른들을 좋아한다. 내가 아이와 눈을 맞추고 웃으면서 5분만 과장해서 칭찬하면 아이는 급격하게 말이 많아지고 표정이 풍부해져서 진료실 밖으로 나갈 생각을 하지 않는다.

아이들은 자신의 말과 행동을 주의 깊게 들어 주고 반응해 줄 때 큰 만족을 느낀다. 이 아이들이 생전 처음 보는 나에게 과도한 만족을 느꼈다는 건 평소에 웃으면서 반응해 주는 케어 시스템(care system)이 아이 주변에 없었다는 이야기다. 엄마가 너무 힘들어서 자기가 우울한 줄도 모르거나, 어린 시절에 부모로부터 제대로 된 애착 관계를 배우지 못했기 때문에 어떻게 아이와 놀아야 하는지를 모르는 것이다.

자기가 우울한 줄 모르는 '좀비 엄마'

여섯 살 여자아이가 너무 소심하고 예민해서 유치원 생활에 적응을 못한다며 병원에 왔다. 검사를 해 보니 지능지수는 평균을 훌쩍 뛰어넘는 우수한 수준이었다. 하지만 아이는 지나치게 말이 없고 계속 엄마와 어른들의 눈치를 살폈다. 장난감을 보여 줘도 엄마 뒤에 숨어 손가락을 빨면서 흘끔대고 있을 뿐, 또래 아이들처럼 "이거 뭐예요? 만져도 돼요?" 하고 호기심을 보이며 말을 걸지도 않았다. 공무원이라는 엄마는 초췌하고 생기가 없었다.

"저도 좀 내향적인 성격인데, 저를 닮아서 그런가 봐요. 유치원 선생님이 검사나 한번 받아 보라고 하셔서 왔는데, 특별히 문제는 없죠?"라고 얌전히 묻던 엄마. 딱 보기에도 지친 기색이 역력했다. 엄마가 삶의 에너지가 없으니 엄마와 비슷한 기질을 타고난 아이가 더 불안에 빠진 건 당연했다.

"최근 집안에 힘든 일이 있었나요?"

"아뇨. 특별히 그런 건 없는데요."

"그럼 요즘 우울한 느낌이 드시나요?"

"아니에요. 별로 우울하지 않아요."

"직장 생활에서 어려움은 없으세요?"

"글쎄요. 사실 집안일하고 직장 다니는 게 너무 바빠서 힘들다고 생각할 틈도 없는 것 같아요."

이 엄마는 기질 자체를 예민하고 약하게 타고나서 직장에 다니는 것 자체가 버거운 사람이었다. 아이를 낳고는 그게 더 심해졌는데, 남들은 물론이고 가족들까지 출퇴근 정확하고 편한 직장에 다니니 얼마나 좋으냐고 말하는 통에 힘든 내색 한번 못했다고 한다.

우울증은 타고나는 것도 있지만 환경적인 요인도 많다. 요즘 엄마들이 겪는 우울증은 환경적인 요인이 크게 작용하는데, 안타까운 것은 내가 우울하다는 생각조차 할 겨를이 없다는 것이다.

새벽 대여섯 시에 일어나 자정이 넘어 잠들 때까지, 일하는 엄마들의 하루 일과는 누가 봐도 현기증이 날 지경으로 돌아간다. 직장에서 큰 프로젝트에 참여하고 있거나 마감이라도 닥치면 스트레스는 극에 달한다. 그 스트레스를 제때 해소하지 못한 채 바쁜 하루가 반복되면 작은 일에도 짜증이 나며 의욕이 없고 무기력에 빠진다. 아이와 웃고 장난치며 놀아 줄 에너지가 없는 것은 말할 것도 없고 자기도 모르게 아이에게 자꾸 짜증을 내고 기분조절이 안 되어 쉽사리 화가 난다. 그러나 엄마들은 당장 밥해 먹이고 돌봐 줘야 할 아이가 눈앞에 있으니 자신의 몸과 기분을 돌볼 여유가 없다.

운동선수들의 몸을 보면 상처로 가득하다. 사람들이 그 상처를 보고 놀라면 "이거요? 훈련하다가 다친 상처인데 하나도 아프지 않아요"라고 말한다. 강도 높은 훈련을 받다 보니 작은 상처 정도는 별일 아닌 것으로 무시하는 것이다.

일하는 엄마들도 마찬가지다. 직장에서 할 일, 집에서 할 일이 워낙 많아 자신의 몸과 마음이 조금 힘든 것은 의도적으로 '큰 문제가 아냐' 하고 가볍게 제쳐 버린다. 그렇다 보니 몸이 피곤하고 지쳐 우울한 상태를 정상적이고 일반적인 상태라고 여기게 된다.

결국 겉으로는 그럭저럭 아이도 잘 돌보고 문제없이 지내는 것처럼 보이지만 만성피로와 무기력증에 빠진 엄마에게 받아야 할 관심을 받지 못해 애착을 형성하지 못한 아이는 정서적으로 불안에 빠지기 쉽다. 그래서 말이 늦어지거나 유치원에 잘 적응하지 못하고 엄마에게 집착하는 등의 문제가 자꾸 생기는 것이다. 엄마는 힘들어도 힘들다 말하지 못하고, 아이는 아이대로 근본적인 문제는 치유되지 못한 채 여기저기 아프고 말썽을 부리니 엄마와 아이의 일상이 즐거움과 기쁨보다는 피곤과 짜증으로 채워지는 건 당연했다.

나는 그 엄마에게 본인이 꼭 직장을 다녀야 생계가 유지되는 형편이 아니라면 진단서를 써 줄 테니 몇 달이라도 휴직을 하는 게 어떠냐고 했다. 한동안 집안일도 도움을 받으면서 최대한 자신의 몸을 돌보는 시간을 가지면 피로도 한결 사라질 테고 그럼 아이에게 줄 사랑도 저절로 생겨날 거라고 말이다. 또 그렇게 되면 아이의 심리적인 문제도 자연스럽게 해결될 거였다.

일하는 엄마들은 어쩔 수 없이 사회적 성취와 육아를 동시에 생각해야 하는 만큼 자신의 정신적, 육체적 체력을 현명하게 관리해야 한다. 그렇지 않으면 정서적인 면이 중요하지 않은 직장 일은 그럭저럭 돌아갈지 몰라도, 정서적 교류가 무엇보다 중요한 육아에서는 아이가 아프거나 이상행동을 보이는 악순환이 반복될 수 있다.

사랑을 받지 못해서 주지도 못하는 '좀비 엄마'

그래도 몸이 힘들어서 우울한 엄마들은 좀 낫다. 이들은 자신에게 지워졌던 짐을 내려놓으면 삶의 활기를 되찾고 아이와의 애착을 서서히 형성해 나간다. 문제는 '애착'에 대한 모델 자체가 머릿속에 없는 부모들이다.

어렸을 때 자신의 부모에게 어떤 이유로든 살갑고 다정한 돌봄을 받은 기억이 없는 엄마들은 치료사가 아무리 가르쳐 주어도 '좀비 엄마'의 얼굴을 버리기가 힘들다. 일단 이들은 문제의 원인을 아이에게 돌린다. 아이에게 무한한 배려와 아늑한 품을 내어 주기보다는 "아이가 까다롭고 유별나다", "나는 할 만큼 다 했다"고 말하며, "나 나름대로 아이를 위해 희생했는데 이런 문제가 생겨서 억울하다"라고 주장하는 게 이들의 기본 태도다.

이들은 "아이와 있으면 자꾸 시계를 보게 된다. 한참 지난 것 같은데 겨우 10분이 지났고, 장난감이나 교구 혹은 책이 없으면 아이와 뭘 해야 할지 모르겠다"고 고백한다. 이유식을 언제 먹이고, 교구는 언제 사 주고 같은 외적인 지식은 많지만 아이와의 교감은 서툴며, 아이와 정서적인 교감을 어떻게 하는지에 대한 지침 자체가 머릿속에 없다.

보통 엄마들은 밥 한 숟갈을 먹여도 아이와 눈을 맞춰 가면서 "아 맛있다. 냠냠~"소리를 내며 즐거운 시간을 갖는데, 이런 사소한 행동 하나하나가 이들에게는 어색하고 불편할 뿐이다. 내가 "아이한테 좀 더 정서적인 애착을 쏟으세요"라고 말하면 그들은 볼멘소리로 "제가 얼마나 열심히 하는데요. 더 뭘 어떻게 하라고요"라고 말하면서 자존심 상해하기도 한다.

흥미로운 사실은 이런 엄마들이 대부분 직장이나 사회에서 만나는 사람들과는 큰 문제없이 우호적인 관계를 맺고 있다는 것이다. 그래서 그들은 '친밀한 관계를 두려워한다'라는 의사의 진단을 이해하지 못한다.

그러나 아이와 엄마가 맺는 애착 관계는 단순히 '문제없는 관계', '우호적인 관계'와 차원이 다르다. 그것은 온 마음을 다해 내가 아닌 누군가를 믿고, 나의 전부를 아낌없이 주고, 상대의 모든 것을 이해하고 받아들이는 '무한한 신뢰와 깊은 친밀함'이 바탕이 된 관계다. 그러니 이런 애착 관계를 경험하지 못한 엄마들에게 아이는 당혹스런 존재일 수밖에 없다. 아이가 매 순간 요구하는 배려와 공감, 친밀함 등의 감정을 어떻게 받아들여야 할지 모르기 때문이다.

이런 엄마들은 일하는 동안만큼은 아이와 친밀한 관계를 맺어야 한다는 당혹스러움에서 잠시 벗어날 수 있기 때문에 점점 더 일에 매달리고, 아이와의 관계를 제대로 구축하기를 회피하는 경향을 보이기도 한다. 그러나 그런 관계가 굳어지면 어렸을 때는 그럭저럭 다른 아이들과 비슷하게 문제없이 자란다고 해도 사춘기를 기점으로 숨겨져 있던 문제가 폭발하는 경우가 대부분이다. 결국 그때서야 "우리 아이 갑자기 왜 이러는 거죠?"라며 병원으로 찾아오게 되는 것이다.

당신은 이미 너무 지쳤는지도 모른다

일하는 엄마이자 정신분석학자였던 프랑스의 학자 안느마리 피이오자는 『난 엄마가 일하는 게 싫어』라는 책에서 '모든 일이 잘되고 있어. 난 아무 문제없어'라고 강하게 주장하는 것은 죄책감의 감정에서 자신을 지키려고 사용하는 방어기제 중 하나라고 보았다. 즉 자신이 가진 어려움에 직면조차 못하는 사람들이 모든 건 다 괜찮다는 말을 한다는 것이다.

남들 눈에는 명백하게 문제로 보이는 상황을 '별일 아냐', '누구에게나 일어나는 일이야', '아무 문제없어'라는 말로 회피하게 되는 이유는 현실을 정확하게 인정할 경우 자신에게 책임이나 비난이 쏟아지는 게 두렵기 때문일 수도 있다. 하지만 자신의 문제를 외면하고 스스로를 돌보지 않으면 우울해도 우울한 줄 모르고, 힘들어도 힘든 줄 모르는 '무감'한 상태에 빠지기 쉽다. 그리고 그런 엄마의 상태를 가장 빨리 눈치채고 가장 강하게 영향을 받는 것이 바로 아이들이다.

아직 어린 아이들에게 엄마는 세상의 전부와도 같다. 그런데 그런 엄마가 좀비처럼 감정도 활력도 없는 상태에 빠지는 것은 생명의 위협을 느낄 만큼의 '극도의 위험 신호'나 다름없다. 결국 엄마가 자신의 몸과 마음의 건강을 방치하면, 그토록 지키고 싶어 했던 소중한 아이를 방치하게 되는 것이다.

지금 혹시 아이와 함께 있는 시간이 지루하고 짜증나는가? 매일 힘들고 우울한가? 그렇다면 자신을 힘들게 하는 문제들을 먼저 하나씩 정리해 보길 바란다. 잊지 마라. 당신은 모든 것을 해낼 수 있는 철인이 아니다.

지금 당장
희생해야 한다는
생각부터
버려라

　　명문대 음대를 수석으로 졸업하고 바이올리니 스트가 되기 위해 미국으로 유학을 간 선주 씨. 그러나 유학 중에 남편을 만나 결혼해서 아기를 낳은 후 바이올리니스트 로서의 길은 포기하고 대신 교수가 되기 위해 경력을 쌓기 시 작했다. 학위를 받고 한국에 들어온 다음에는 남편은 대기업 연구원으로 취직했고, 그녀는 아이를 돌보며 시간강사를 하 다가 둘째를 낳게 되었다.

　큰아이가 유치원에 갈 만큼 자라자 그녀는 둘째 아이는 친 정어머니에게 맡기고 본격적으로 강의도 하고 논문을 써야 겠다고 생각했다. 그런데 큰아이에게 문제가 생겼다.

　강남에서 유명하다는 영어 유치원에 보냈는데, 친구들이

"너는 미국에서 왔는데 왜 영어를 잘 못해?" 하고 놀리면서 따돌린 것이다. 아이는 유치원에 안 가겠다고 떼를 쓰기 시작했다. 미국보다 훨씬 경쟁적인 분위기의 한국 유치원에 적응하는 것도 힘든데 대놓고 공격하는 소리를 들었으니 세심하고 예민한 아이의 불안 지수가 확 높아졌던 것이다. 거기에다가 동생을 본 불안감도 한몫해서 아이가 엄마 치맛자락만 붙들고 늘어지는 통에 논문은커녕 아이를 떼어 놓고 화장실도 마음대로 갈 수 없었다. 선주 씨는 아이가 유치원을 졸업할 때까지 강의를 줄이고 논문도 중단했다. 엄마가 좀 더 신경을 쓰고 아이도 학교에 가면 당연히 나아질 거라고 생각했기 때문이다. 그런 마음으로 1년을 버텼는데, 따돌림과 불안 문제가 더 심각해져 온 가족이 함께 나를 찾아온 것이었다.

함께 온 선주 씨의 친정어머니는 진료실 의자에 앉자마자 "평생 한 공부도 소용없게 되고 좋은 직장도 다 놓치게 생겼으니 이를 어쩌면 좋습니까. 왜 애는 이렇게 일찍 낳았는지……. 자리나 잡고 낳으면 좋았을 것" 하며 안타까워했다. 남편은 아침 7시에 출근해서 밤 11시가 다 되어서야 집에 들어오는 상황이라 집안일이나 육아에 전혀 도움을 줄 수 없는 형편이었다.

간단하고 뻔한 해결책을 찾자면 엄마가 모든 일을 그만두고 집에 들어와 아이만 돌보면 될 테지만, 어디 현실이 그리

단순하기만 한가?

30대 초·중반이면 세계 어느 나라를 가도 자기 분야에서 자리를 잡기 위해 죽기 살기로 일해야 할 때다. 그렇게는 못 할망정 아이를 낳았다는 이유로 10년 넘게 키워 온 꿈을 내려놓아야 한다는 건 너무 가혹했다.

선주 씨는 몇 년 전만 해도 자신 앞에 선명하게 펼쳐져 있을 것만 같았던 미래가 연기처럼 사라질지도 모른다는 생각에 의욕을 잃고 말았다. 이런 최악의 상황을 해결하려면 자신의 꿈은 포기할 수밖에 없지 않겠느냐고 자포자기하듯 말하는 그녀를 보며 그나마 줄였던 강사 일까지 그만두라고 말할 수는 없었다. 그녀는 이미 초기 우울증 단계로 접어들어서 일을 그만둔다고 해도 당장 아이에게 좋은 영향을 끼치리라는 보장이 없었기 때문이다.

최악의 상황에도 반드시 해법은 있다

선주 씨를 보고 있자니 내가 박사 학위 받을 때 생각이 났다. 나도 선주 씨와 같은 30대 초반이었고 경모는 세 돌 반, 정모는 임신 막달이었다. 박사 논문 제출일이 한 달밖에 남지 않은 상황에서 남편은 미국에 몇 달 연수를 갔고 집에는 낮에 경모를 돌봐 주는 도우미 아주머니와 나밖에 없었다.

그런데 그동안 별 탈 없이 잘 지내던 경모가 갑자기 유치원에 안 간다며 뒤집어졌다. 엄마 배가 불러 오자 '동생'의 존재를 어렴풋이 인식하기 시작해 불안한데 엄마가 달래 주기는커녕 매일 밤늦게까지 잠도 안 자고 논문을 쓰니 불안이 밖으로 터져 나온 것이다. 경모는 눈앞에 내가 보이지 않으면 울음을 터뜨렸고 내 몸에 착 달라붙어 오직 자신에게만 집중하라고 떼를 썼다.

평소 같으면 '얘가 불안하구나' 이해하고 일을 좀 줄이고 아이와 뒹구는 시간을 많이 가졌을 것이다. 그런데 박사 논문을 쓰는 건 줄이거나 미룰 수 있는 일이 아니었다. 경모를 달래서 재운다고 같이 잤다가 다음 날까지 발표해야 할 보고서를 쓰지 못해 혼비백산한 적도 있었다. 휴가도 낼 수 없었고, 시댁 친정 어느 곳도 경모를 봐 주러 서울에 올라오실 형편이 안 되었다.

그러던 어느 날 저녁, 경모가 장난감에 집중한 틈에 잠시 방에 들어와 논문을 쓰고 있는데 갑자기 '퍽' 소리가 나면서 컴퓨터가 꺼져 버렸다. 경모가 방에 들어와 컴퓨터 코드를 뽑아 버린 것이다. 반사적으로 너무 놀라 "으악!" 하고 소리를 질렀다. 경모는 내 소리에 놀라 울음을 터뜨리고, 나는 그동안 쓴 논문 파일이 저장되지 않았을까 봐 얼굴이 새파래져서 허둥거렸다. 그 일 이후 경모의 불안 행동은 더 심해져서 병원 출근도 힘들 지경이었다.

더 이상은 버틸 수 없다는 생각이 들었다. 경모를 재우고 거실에 앉아 지난 시간을 돌아보았다. 배가 남산만한 임산부가 덜덜 떨면서 컴퓨터를 보고 있고, 책상 밑에는 세 돌 반짜리 남자아이가 엄마 다리를 부여잡고 악을 쓰고 울고 있는 풍경이 펼쳐졌다.

'논문을 포기해야 하는 걸까? 밤까지 아이를 돌봐 줄 수 있는 사람을 찾아볼까?'

그 순간 '아!' 하고 떠오르는 게 있었다. 나는 그때까지 경모를 어디 보낼 생각은 한 번도 못 했었다. 워낙 예민하고 불안한 아이라 무슨 일이 있더라도 내가 끼고 돌봐야 한다고 생각했다. 그런데 그건 내가 가진 고정관념일 뿐이었고, '꼭', '반드시' 그래야 하는 건 아니었다. 내겐 아이를 맡길 수 있는 시댁과 친정이 있었다. 서울에 오실 수는 없었지만 아이를 보낼 수는 있었다. 아이도 할아버지 할머니와의 애착 관계를 충실히 쌓아 둔 상태였고, 더구나 세 돌은 지났으니 나와 잠깐 떨어져 있어도 괜찮을 것 같았다.

'그래 한번 해 보자.'

시댁과 친정에 사정 이야기를 하고 일주일씩만 경모를 맡아 달라고 간곡하게 부탁했다. 경모에게는 "경모야, 엄마가 경모랑 안 놀아 주고 컴퓨터만 보니까 너무 싫지? 그런데 엄마가 지금 빨리 해야 할 일이 있어. 엄마가 빨리 끝낼 테니까 우리 부산 할아버지 집에 열 밤만 가 있자. 그리고 할아버지가 고양이도 만지게 해 주고 강아지도 만지게 해 주신대” 하고 얼렀다. 처음에 울기만 하던 경모는 할머니 할아버지라는 말에 솔깃하는 눈치더니 고양이, 강아지를 만질 수 있다는 말에 완전히 넘어가 버렸다. 그렇게 아이를 부산에 보내 놓고 밤마다 논문을 써서 학위를 딸 수 있었다. 지금 돌이켜 봐도 그때만큼 절박하고 힘든 적은 없었다.

노력해서 바꿀 수 있는 것은 끝까지 바꿔라

우리는 쉽게 ‘상황’의 노예가 된다. 이건 이래서 안 되고 저건 저래서 안 되고, 이러자니 저걸 못하고, 저러자니 이걸 못한다고 습관처럼 말한다. 특히 상상도 하지 못했던 일이 연속으로 터지는 엄마의 자리에 서면 너무 놀라고 당황하여 자기도 모르게 스스로를 가장 불행하고 억울한 사람으로 만들어 버린다. 그렇게 상황에 압도당하면 당황스러움, 억울함, 분노, 무력감 등의 부정적인 감정이 생겨 나고 내가 선택할 수 있는 일은 아무것도 없어 보인다.

앞서 말한 선주 씨도 미국에서 돌아올 때 바로 둘째를 가질 계획은 없었다. 나 역시 둘째를 임신한 채 논문을 쓰게 될 줄 몰랐다. 선주 씨 아이가 유치원에서 따돌림을 당하고 학교생활에 적응하지 못해 소아정신과를 찾아오게 될 줄 몰랐듯이, 나도 논문을 쓰는 중에 큰아이가 극도의 불안을 느끼며 컴퓨터 코드를 뽑고 나와 한시도 떨어지지 않겠다고 떼를 쓸 줄 몰랐다. 선주 씨가 불안정한 강사 생활을 기약 없이 하게 된 것이나, 미국에서는 집안일도 잘 도와주던 다정다감한 남편이 대한민국에서 가장 독하다는 회사에 발목을 잡혀 얼굴 보기도 힘든 상황이 된 것도 계산에 없던 일이었다.

우리는 언제나 행복한 인생 계획을 세우는 데 많은 에너지를 쏟지만 인생은 예기치 않은 일로 가득하다. 그러나 하늘이 무너져도 솟아날 구멍이 있는 것처럼 아무리 선택의 여지가 없어 보이는 힘든 상황에서도 헤쳐 나갈 방법이 하나쯤은 있는 법이다. 그것이 모두를 만족시키는 완벽한 해결책이 아니라고 해도 최선의 대안 정도는 될 수 있다.

다만 엄마에게 의지가 있어야 한다. 예기치 못한 일이 생겨 상황이 나빠질 때마다 '일을 그만둬야겠구나' 하는 대안 외에는 아무것도 생각하지 않는다면 결국 그만둘 수밖에 없다. 하지만 '내 일을 포기하지 않고 아이와 함께 갈 수 있는 방법이 뭘까?'를 연구하며 한 걸음씩 떼어 놓다 보면 생각지도 못한 방법들이 수면 위로 떠오른다.

박사 논문을 쓸 때 경모도 마음을 다치지 않고, 나도 논문을 쓸 수 있는 방법을 떠올릴 수 있었던 건 내 처지를 한탄하는 대신 '할 수 있는 일'을 간절하게 찾아낸 덕분이다.

나는 선주 씨에게 모든 일이 엉망으로 느껴지겠지만 '아이도 희생시키지 않고 일에서도 성공하겠다'는 굳은 의지로 자신을 압도하고 있는 상황에서 빠져나와 보라고 말했다.

"선주 씨, 지금이 최악의 상황이라고 단정 짓지 말고 다른 방법을 좀 더 찾아봅시다. 괜찮다면 이사를 하는 게 어때요? 강남보다 덜 경쟁적인 분위기의 학교로 옮긴다면 아이가 받는 스트레스는 조절을 할 수 있을 거예요."

내 권유에 선주 씨는 놀란 표정이었다.

"아, 그러네요, 선생님. 저는 그런 생각은 전혀 못 했어요."

나와 이야기를 하는 동안 선주 씨는 지금 상황을 해결하기 위해 할 수 있는 방법이 여러 가지가 있다는 것을 깨달았다. 우선 이사를 해서 아이의 환경을 바꿔 주고 6개월 정도 일을 줄여 집중적으로 아이를 돌보며 치료를 받았다. 집안일도 당분간 다른 사람의 도움을 받았다. 그동안 둘째는 친정어머니가 키워 주시기로 했다.

6개월 후, 아이에겐 불안이 서서히 사라졌고 새로운 학교로 옮긴 뒤에는 친구들도 사귀기 시작했다. 사회성이 없는 건 아닐까 심각하게 염려했던 것이 무색하게 아이는 금세 밝아졌고 학교생활에 잘 적응했다. 비로소 선주 씨는 한숨을 돌리고 자신의 꿈을 이루기 위한 프로젝트를 시작할 수 있었다.

대안을 찾아 한 걸음 내딛는 순간 인생은 행복해진다

아이를 키운다는 것은 험한 바다를 정확한 지도 한 장 없이 홀로 항해하는 것과 같다. 바람의 방향이 어떻게 바뀔지, 언제 높은 파도가 밀려올지 우리는 전혀 예측할 수 없다. 그저 그때그때 배가 뒤집히지 않고 무사히 목적지에 도착할 수 있는 방법을 찾아내는 것이 우리가 할 수 있는 유일한 일이다. 만약 높은 파도가 칠 때마다 구명조끼를 입고 기도하는 것 말고는 다른 방법이 없다고 단정 짓는다면 배의 운명을 그저 풍파에 내맡기는 것과 다를 바 없다.

폭풍우를 이기고 자신이 원하는 곳에 다다르는 사람은 마지막까지 포기하지 않고 그 상황에서 최선의 길을 찾는 사람이다. 망망대해를 항해하는 선장처럼 모든 엄마들은 풍파에 흔들리지 않고 중심을 지킬 강인함을 가져야만 한다. 일하는 엄마들은 특히 더 그렇다.

"힘들어", "불행해", "내가 할 수 있는 일이 없어"라고 말하기 전에 지금 자신을 힘들게 하는 상황을 어떻게 하면 조금이라도 바꿀 수 있을지 생각하라. 만약 나의 계획, 가치관, 습관 등을 바꿔서 상황이 나아지고 어려움이 해결된다면 우리는 그걸 '고통'이나 '힘듦'이라고 단정 지어서는 안 된다. 정말 고통스런 순간은 아이가 불치병에 걸렸거나 불의의 사고처럼 사람의 힘으로 어찌할 수 없는 상황에 부딪쳤을 때를 이르는 말이다. 그런 일이 아니라면 우리는 지금 상황에서 최선의 한 걸음을 떼는 데 집중해야 한다.

그러니 오히려 인생의 돌발 변수를 환영하라. 그것은 당신에게 도전이 되고 성장의 발판이 될 것이며 당신을 새로운 길로 이끌 것이다.

'일이냐, 아이냐'라는 이분법적인 선택에서 벗어나라

기업 부설 연구소에서 연구원으로 근무하는 수진 씨는 요즘 힘든 선택의 기로에 서 있다. 얼마 전에 낳은 둘째를 봐 주시던 시어머니가 허리를 다치셨기 때문이다. 당장 핏덩이 같은 둘째 아이를 맡길 곳이 없어 아이를 데리고 이 집 저 집 전전하다가 고심 끝에 육아휴직을 신청하기로 했다. 그런데 수진 씨가 휴직을 할 거라는 소식이 전해지자, 팀원들은 수진 씨의 육아휴직으로 생길 공석에 대체 인력을 뽑아 달라고 강력하게 요청했다.

업무의 성격상 대체 인력을 뽑는다는 건 휴직이 끝난 후 수진 씨의 업무가 없어지는 셈이라서 사실상 그만두라는 의미이기도 했다. 수진 씨는 '그동안 내가 뭘 해 왔나?' 하는 자괴감과 함께 수년 동안 가족처럼 지내 오던 동료들로부터 마음에 상처를 받았다. 왜 동료들이 그런 요청을 할 수밖에 없었는지 머리로는 이해하면서도 배신감과 서운함을 감추기 어려웠다. 요즘 그녀는 잠자리에 들 때마다 똑같은 결심을 며칠째 반복하고 있다.

"내일 아침에는 출근하자마자 사표를 내자."

그러나 지금 그만두면 '경력 단절 여성'이라는 꼬리표를 달게 될 테고, 현실적으로도 다시 직장을 찾는 일이 쉽지 않을 것이다. 그녀는 지금 일주일째 책상 서랍에 넣어 둔 사표를 만지고 있다.

그만 둘까? 계속 다닐까?

누구나 직장을 다니다 보면 하던 일을 그만둘까 심각하게 고민할 때가 있다. 보통 사람이 3년에 한 번꼴로 그런 경험을 한다면, 아이가 있는 엄마들은 더 자주, 그리고 내적 고민이 아닌 외부의 상황 변화 때문에 그런 고비들을 겪는다.

일이냐, 육아 혹은 가정이냐 사이의 갈등은 '죽느냐, 사느냐', '닭이 먼저냐, 달걀이 먼저냐'처럼 누구도 딱 부러지는 정답을 내지 못한 오래된 딜레마다. 수진 씨처럼 아예 다 때

려치우고 집에 들어앉을까 고민하는 사람도 있고, 아이를 아예 6개월, 1년 단위로 시댁이나 친정에 맡기고 한동안 일에 '올인'하는 게 낫다고 생각하는 엄마들도 있다. 특히 승진이나 중요한 시험을 앞둔 엄마들일수록 그렇다.

그러나 '흑 아니면 백'이라는 전제 속에서 성급하게 결정하지 말기 바란다. 지금 당장 두 가지를 다 유지하는 것이 힘들다고 하나를 일방적으로 완전히 배제하는 결정을 내리면 나중에 배제당한 욕구가 고개를 들 때 어떻게 다루어야 할지 몰라 괴롭고 그때의 선택을 후회하게 되기 쉽기 때문이다.

CEO로, 엄마로 성공을 거둔 그녀만의 비법

유명한 경영 컨설팅 회사의 CEO로 있는 엄마가 아이 때문에 찾아왔다. 초등학교 2학년인 아들은 학교생활에 문제가 많았다. 수업 시간에 자리에 앉아 집중하지 못하고 불쑥 불쑥 일어나 교실을 돌아다녔고, 학용품이나 책은 수시로 잃어버렸다. 잘못한 일을 나무라면 입에 담기도 어려운 욕을 하며 대들었다. 친구들 물건에 손을 대기도 했다.

이 아이는 기질적으로 ADHD(주의력결핍 과잉행동장애)적인 성향이 있는데다 할머니가 너무 오냐오냐 응석받이로 키워서 '규칙을 지켜야 한다'는 생각 자체가 없었다. 처음에는 약으로 조절하면서 집중력을 높이는 훈련을 했다. 그러나 이미 몸에 배인 나쁜 행동이 많아 하루 종일 곁에 붙어서 일일이 바로잡아 주는 손길이 절실히 필요했다. 일주일에 두세 번 치료로는 큰 효과가 없었다. 엄마는 워낙 바빠서 아이를 병원에 데리고 오는 것도 힘들어했는데, 내가 아이의 현재 상태를 이야기하자 잠시 고민을 하더니 이렇게 물었다.

"선생님, 우리 아이가 이대로 크면 어떤 아이가 될까요? 선생님은 그동안 많이 보셨으니까 짐작이 가시지요? 솔직하게 말씀해 주세요."

'아이가 자라서 어떻게 될 것이다'라고 예단하는 것처럼 위험한 일은 없지만, 엄마의 간절한 마음이 전해져 그동안의 임상 경험을 토대로 조심스럽게 내 생각을 이야기했다.

"아마……, 이대로 양육 환경이 변하지 않는 상태에서 계속 자란다면 최악의 경우 흔히 말하는 '비행 청소년'의 길로 빠질 가능성이 있습니다. 일종의 '품행 장애'라는 건데, 중·고등학교에 가면 학교에서 강제하는 규칙이 훨씬 많아지니까 답답함도 커질 수밖에 없어요. 그런데 학교 밖 세상은 지켜야 할 규칙도 없고 호기심과 재미를 채워 주는 오락거리가 넘쳐나니까 자제력이 없는 아이는 그쪽으로 더 관심을 갖게 되죠. 다른 아이보다 유혹에 쉽게 넘어갈 수 있다는 생각을 하셔야 할 거예요."

"네……."

엄마는 한동안 말이 없었다.

다음 진료 때, 그 엄마는 평소와 사뭇 다른 모습으로 진료실을 찾았다.

"선생님, 저 파트타임으로 바꿨어요."

그동안 회사 사장이라 직원들 걱정도 되고 벌려 놓은 일도 많아서 일을 줄인다는 생각을 못했는데, 지금 자신의 인생에서 우선순위를 따져 보니 아이더란다. 그래서 동업자를 구해 회사를 함께 경영하기로 하고 급여를 1/3로 줄여 파트타임으로 돌아선 것이다.

나는 그녀가 그렇게 과감하게 결심할 줄은 몰랐기에 놀라서 물었다.

"여태까지 일해 놓은 거, 안 아까워요?"

"선생님, 우리 애가 나중에 비행 청소년이 될지도 모른다고 하셨지요? 사실 저도 그런 생각을 하고 있었어요. 그런데 그때 가서 고치려면 훨씬 더 힘들 테고 될지 안 될지도 모르는데, 차라리 지금 덜 성공하는 게 저나 아이 인생을 구제하는 거더라고요. 제가 계산은 좀 빠르잖아요."

엄마가 큰 결심을 하고 인생의 방향을 선회한 덕에 그 아이는 4학년이 될 때쯤 도벽이나 욕처럼 눈에 보이는 부적응 행동이 대부분 없어지고, 집중력 훈련만 하면 될 정도로 좋아졌다. 학교 선생님에게 불려 가는 일이 줄어든 것은 물론이고 무엇보다 엄마와 아이 사이에 따뜻한 온기가 흐르면서 삶의 여유가 생겼다. 나중에 치료가 끝날 때 그 엄마는 이렇게 말했다.

"제가 잘나갈 때는 연봉이 몇 억이었어요. 그런데 그때보다 지금이 더 나은 것 같아요. 아이가 문제일 때는 돈을 아무리 벌어도 마음이 힘들고 행복하지 않았어요. 비록 그동안 돈은 적게 벌었을지 몰라도 아이가 잘 자라니까 마음이 더 든든해요. 이제는 다시 일에 집중해도 되겠다는 확신이 들어요. 전보다 일도 더 잘 될 것 같고요."

그녀는 다시 회사로 돌아갔다. 파트타임으로나마 회사와의 끈을 완전히 놓지 않았기 때문에 쉽게 업무에 적응할 수 있었고, 지금은 자기가 좋아하는 일을 실컷 하면서 마음껏 능력을 펼치고 있다.

하나의 중심점에 머물지 마라

저울 양쪽에 추를 달고 균형을 유지하려면 정확히 '중심점'을 찾아야 한다. 양쪽 추의 무게가 같다면 중심점은 저울의 정 가운데에 위치할 것이다. 만약 한

쪽 추의 무게가 무거워지면 중심점은 저울이 균형을 이루는 지점, 즉 더 무거운 쪽으로 옮겨 가야 한다. 예전의 정 가운데 지점은 더 이상 중심점이 아니게 되는 것이다.

인생도 마찬가지다. 한 개인이 성장하고 주변 환경이 변화할 때마다 추의 무게는 자꾸 바뀐다. 그런데 우리는 이미 저울이 기울었는데도 중심점을 옮길 생각은 하지 않고 자꾸 저울이 한쪽으로 기울어지는 것을 탓하곤 한다.

일하는 엄마들은 입버릇처럼 일도 잘 하고 싶고 아이도 잘 키우고 싶다고 말한다. 나는 이 책을 통해 그것이 욕심이 아니라는 사실을 알려 주고 싶다. 일과 아이와 가정은 모두 우리 삶을 풍요롭게 하기 위해 꼭 필요하다. 일을 한다고 아이를 잘 못 키울 일도 없고, 아이 때문에 일을 섣불리 포기할 이유도 없다.

일도 하고 아이도 잘 키우고 싶은데 주변의 상황 때문에 괴롭다면 혹시 당신이 '이것을 택하면 저것을 포기해야 한다'는 흑백논리에서 갇혀 있는 것은 아닌지 생각해 보길 바란다. 꼭 아이와 직장 중 하나를 버려야 하는 길만 있는 것은 아니다. 양팔 저울에서 한 쪽 추를 없애 버리면 저울 자체가 무너져 버리듯이, 오히려 하나만 선택하고 거기에만 매몰되면 더 큰 문제가 생길 수 있다.

'아이냐, 일이냐' 둘 중 하나를 성급히 포기하려 하지 말고 두 요소 사이의 비율을 변화시키면서 계속 이어가라. 일반적으로 아이가 어릴 때는 아이 쪽에 무게중심을 두는 게 맞고, 좀 자라고 나면 자신의 자아실현이 아이만큼 중요해진다. 어떤 지점이 가장 알맞은 중심점인지는 엄마 자신이 가장 잘 알 수 있다. 사람마다 무거운 추가 다 다르기 때문이다. 앞에서 이야기한 CEO 엄마처럼 일을 줄일 수도 있고, 마음은 조금 아프더라도 승진을 뒤로 미룰 수도 있다. 구체적인 방법은 사람마다 다르겠지만 아예 방법이 없지는 않을 것이다.

스케이트나 자전거를 타다가 코너를 돌 때는 돌아야 하는 쪽으로 몸을 기울여야 넘어지지 않고 계속 갈 수 있다. 그리고 어떤 모양의 길에서도 균형을 잃지 않고 앞으로 나아가기 위해서는 자유자재로 중심을 옮겨 가면서 계속 페달을 밟아야 한다. 모퉁이에서 균형을 잡는 일이 쉽지는 않지만 분명 넘어지지 않고 앞으로 나가는 방법은 있다.

물론 처음에는 균형을 잡느라 잠시 비틀거릴 수도 있고, 그래서 남들보다 뒤처지는 것처럼 느껴질 수도 있다. 그렇지만 인생은 긴 레이스다. 지금 잠깐 머뭇거리는 정도는 앞으로 남은 레이스에서 얼마든지 만회할 수 있다. 그러니 부디 포기하지 말고 앞으로 나아가라. 그 누구의 것도 아닌 당신의 풍요로운 인생을 위해.

나를
행복하게 하는
좋은 경험을
늘려 나가라

　　　내가 전문의를 따고 콜로라도 대학에 연수를 갔
을 때 일이다. 그때 나는 로버트 엠디라는 전 세계적으로 유
명한 발달과학자가 이끄는 연구 팀에 들어갔다. 로버트 엠디
는 콜롬비아 대학에서 사회학을 전공하고 콜로라도 의과대
학에서 수련한 후 정신분석학자로 있다가 인간의 발달에 관
한 과학자가 된 사람으로 논문 목록만 책 한 권인 대학자다.
그와 일하면서 나는 큰 배움을 얻었다.
　의사라면 누구나 감기보다는 암을 치료하는 일에 더 큰 관
심과 노력을 기울인다. 남들이 못 본 케이스를 특별한 방법으
로 치료를 해야 유능한 의사라고 생각하기 때문이다. 나 역시
당시 '특별한 병'에 관심이 많았다. 그래서 연구 세미나를 할

때마다 주로 희귀하고 어려운 케이스에 대해 발표를 하곤 했다. 그러던 어느 날 엠디 박사가 나에게 물었다.

"닥터 신, 왜 '병'에만 관심을 갖지요?"

무슨 말인지 몰라 눈만 껌벅이던 내게 엠디 박사는 이렇게 말했다.

"화상을 입으면 피부 조직이 손상되지요. 정상 조직이 얼마나 손상됐느냐에 따라 1도, 2도, 3도 화상으로 구분합니다. 3도 화상은 정상 조직이 거의 없어서 회복이 불가능한 상태지요. 그런데 화상 환자 중에 3도 화상만 입은 사람은 없어요. 어떤 부분은 3도 화상일지라도 다른 부분은 1도, 2도 화상이 섞여 있고, 화상을 입지 않은 정상 피부 조직이 더 많아요."

엠디 박사는 나를 가만히 쳐다보다가 다시 말을 이었다.

"인간은 그 누구도 완벽하게 정상인 사람도, 완벽하게 병적인 사람도 없어요. 그 중간 어디쯤 걸쳐 있죠. 우리 의사들은 병을 진단하고 치료하기만 하는 사람들이 아니에요. 사람들이 가진 정상적인 부분이 많아지도록, 그리고 정상적인 부분이 더 건강하게 기능하도록 돕는 일도 해야 하지요. 그건 병을 고치는 것 못지않게 중요합니다."

그 말에 '아!' 하는 탄식과 함께 정신이 번쩍 들었다. 당시 나는 '이것이 이러한 병이다!' 하고 '진단'하는 데 골몰했다. 그렇다 보니 '어떻게 하면 환자가 건강하게 생활할 것인가?'

를 연구하는 것에는 소홀했다. 환자를 볼 때도 눈을 부릅뜨고 '병적인 현상'만을 찾아냈고 그걸 완화하는 데만 초점을 맞췄으니 내게 환자는 늘 '비정상'이며 '병'을 보여 주는 존재일 뿐이었다.

그리고 그런 관점은 나의 생각과 인생도 지배하고 있었다. 나는 삶을 계획할 때 좋은 일과 행복한 일을 더 많이 늘려 가는 것보다 문제가 생긴 일, 잘 안 되는 일을 해결하는 데 더 집중했다. 그래서 당시 내 일상은 부정적이고 나쁜 일을 방어하는 데 급급해서 마치 황폐한 사막과도 같았다.

하지만 엠디 박사의 이야기를 듣고 나니 내 삶에 숨겨져 있었던 작지만 행복한 순간들이 눈에 들어 오기 시작했다.

미국 유학 시절, 나는 면허가 없었다. 미국 땅이 좀 넓은가. 운전을 못하니 나도 불편하고, 남에게도 자꾸 폐를 끼치게 되었다. 결국 계속 미루고만 있을 수가 없어서 급하게 면허를 따기로 했다. 또다시 두 아이를 끼고 연구하듯 면허 시험을 준비했다. 하지만 시험 날, 멕시코 출신 시험 감독관의 영어를 잘 알아듣지 못해 코스도 제대로 다 밟아 보지 못하고 중도 탈락하고 말았다. 순간 나도 모르게 눈물이 주르륵 흘렀다.

무엇이 그렇게 서러웠을까. 아이 둘을 키우면서 박사 학위를 받기 위해 고군분투했던 날들, 한국으로 돌아가서 자리를 잡지 못할지도 모른다는 불안, 며느리로서 아내로서 해야 할 일들이 주는 버거움, 면허를 따려고 여태 애썼는데 출발도 제대로 못 해 보고 떨어진 것에 대한 억울함……. 아마도 이 모든 감정이 한데 어울려 눈물이 났던 것 같다.

시험장에서 집까지 어떻게 돌아왔는지 기억도 나지 않는다. 금방이라도 쓰러질 듯 문을 열고 들어서는데, 따뜻한 햇볕을 쬐며 베란다에 앉아 뭔가에 열중하고 있는 정모의 뒷모습이 보였다. 얼른 눈물을 훔치고 정모에게 다가가 물었다.

"정모 뭐 하니?"

"엄마, 이거 봐."

정모는 어떻게 찾아냈는지 집 안의 포크를 몽땅 꺼내 와서 아래층으로 떨어뜨리는 장난을 치고 있었다. 포크를 잘 움직여서 베란다 창살 틈새 사이로 끼워 넣은 다음, 이미 아래층 바닥에 떨어져 있는 포크를 겨냥해 떨어뜨리는 것이다. 세상에서 이것만큼 재미난 게 없다는 듯 열중해서 포크를 떨어뜨리는 모습에 쿡 하고 웃음이 나왔다. 옆에 앉아 나도 정모처럼 해 보았다. 포크를 창살 틈새 사이로 끼워 넣기는 보기보다 어려웠다. 어렵사리 밑으로 떨어뜨리기에 성공하자 나도 모르게 "와~!" 하는 탄성이 나왔다. 정모는 엄마가 함께 놀아주자 "엄마, 재밌지? 재밌지?" 하면서 더 신이 났다. 마침내 모든 포크를 다 떨어뜨리고 나서 우리는 서로 얼굴을 비비며

껴안고 마루를 뒹굴었다.

그 순간의 행복감을 어떻게 말로 표현할 수 있을까. 눈물을 뚝뚝 흘리게 만들었던 조금 전까지의 고통과 서러움들이 눈 녹듯 사라졌다. 까짓, 운전면허 시험에 떨어지면 어떠랴, 다시 하면 되는 건데. 고작 면허 시험에 떨어졌다고 세상 고통 다 짊어진 듯 힘들어했던 내 모습이 웃음도 나고 부끄럽기도 했다. 아이 덕분에 나는 순식간에 다시 시작할 힘을 얻었다.

삶에서 긍정적 감정을 늘려 나가라

최근 몇 년 동안 우리 사회엔 '긍정심리학'이 유행처럼 번지고 있다. 펜실베이니아 대학 심리학과 교수인 마틴 셀리그만이 주창한 이 새로운 심리학 분야는 프로이트의 정신분석심리학이 불안, 우울증, 스트레스처럼 삶을 불행하게 만드는 심리 상태를 완화하는 데에만 치중하여 삶이 가진 긍정적 가치를 돌아보지 못했다는 반성에서 시작됐다. 지금은 미국의 100개가 넘는 대학에서 필수 강좌로 채택되고 긍정심리학의 내용을 다룬 책들이 계속 베스트셀러가 될 정도로 인기가 높다.

긍정심리학이 사람들의 마음을 끄는 이유는 긍정적인 상태를 자꾸 경험하게 해 행복해지는 법을 알려 주고 그로 인해 삶이 변화하는 것을 체감한 사람이 많기 때문이다. 마틴 셀리그만은 "불행을 제거하는 것은 행복으로 가는 길이 아니라 고통을 더는 기술일 뿐"이라고 말한다. 오히려 행복은 적극적이고 생산적으로 그 길을 찾아 나가는 데에서 온다는 것이다. 그러기 위해서는 "자신이 스스로 빠져들고 있는 부정적 생각에서 벗어나 즐겁고 의미 있는 경험을 의도적으로 찾아야 한다"는 게 그의 주장이다.

상처가 깊으면 성장도 크다고 말하는 사람도 있지만 그건 영웅담일 뿐, 극복할 수 없는 고난을 반복해서 겪은 사람은 뇌에 상처가 각인되어 사소한 일도 부정적인 방향으로 받아들인다. 그나마 부정적인 생각은 '아, 내가 잘못 생각했구나'라고 인식함으로써 없앨 수 있지만 불안, 두려움, 우울 같은 부정적 감정은 '안 그래야지' 해도 자기도 모르게 자꾸 떠오른다. 그럴 때 필요한 게 긍정적인 감정이다. 작더라도 즐거운 경험을 만들어 내고 그걸 느끼다 보면 부정적 감정은 어느새 지나가 버린다. 감정이란 파도와 같아서 오는 줄 모르게 덮치고 가는 줄 모르게 사라지게 되어 있다.

일하는 엄마들은 자기 몸과 마음을 돌볼 틈 없이 가사와 육아, 회사 일에 혹사당하고 있어서 자칫하면 슬퍼지거나 나약해지거나 불안해지거나 두려워지기 쉽다. 여기다가 산후 우울증, 월경전 증후군처럼 호르몬의 변화까지 겹치면 뇌의 신경전달물질이 변화되어 금방 우울하고 불안한 방향으로 감정이 흘러 버린다.

그래서 나는 감정을 오래 묵혀 두지 않는다. 뭘 해도 기분 나쁘고, 남이 나에게 칭찬하는 것도 비아냥거리는 것으로 들리고, 애들이 재잘거리는 소리도 귀찮고, 남편은 꼴도 보기 싫고, 아무것도 하기 싫은 상태. 그런 신호가 오면 나는 '아, 지금 내가 우울하구나. 기분이 나쁘구나' 하고 알아차린다. 그리고 음악을 듣거나 밖에 나가 걸으면서 그 감정을 인정하고 느끼려고 한다. 부정적인 감정은 계속 외면하거나 억압할 때 통제가 불가능할 정도로 강해지기 때문이다. 그러므로 마음이 아프거나 괴로울 때는 바로 그 감정을 충분히 느끼고 빨리 흘려보내는 것이 좋다. 아이가 울 때 얼른 다른 관심거리를 만들어 우울한 감정이 마음에 남지 않게 해 줘야 하는 것처럼 어른들의 나쁜 감정도 자국을 남기기 전에 긍정적인 것으로 바꿔 주어야 한다.

그런 다음 나를 행복하게 하는 다른 일들을 찾아 나서라. 여기서 말한 '행복한 일'이란 아주 대단한 것일 필요는 없다. 잠깐의 산책, 친구들과의 통화처럼 우리를 한 번 웃게 해 주는 것이라면 충분하다. 내 머리를 복잡하게 하는 문제들을 잊고 즐거운 감정에 흠뻑 젖어 있는 동안 다시 인생을 씩씩하게 살아가게 할 에너지는 저절로 충전될 테니까.

엄마만이 누릴 수 있는 행복에 감사하라

안 그래도 해야 할 일
이 산처럼 쌓여 있는 일하는 엄마들에게 자기만의 행복한 순
간을 가지라는 말은 사치처럼 느껴질지도 모른다. 하지만 조
금만 생각해 보면 엄마들은 나쁜 경험을 잊고 좋은 경험을 늘
려 나가기가 훨씬 더 쉬운 사람들이라는 것을 깨닫게 될 것이
다. 왜냐하면 우리 엄마들에겐 사랑스러운 아이들이 있기 때
문이다.

아이라는 존재는 엄마들을 세상에서 가장 바쁘고, 걱정 많
고, 억척스러운 사람으로 만들지만, 한편으로는 세상 그 누구
도 부럽지 않은 행복한 사람으로 만들기도 한다. 엄마가 잠깐
이나마 자기를 원망했다는 걸 아는지 모르는지 아침이면 얼
굴 가득 뽀뽀를 퍼부으며 예쁜 짓을 하는 아이를 보면 엄마는
행복을 느끼고 다시 살아갈 힘을 얻는다. 그건 엄마가 아니면
절대 가질 수 없는 행복이다. 내가 어떤 표정으로 어떤 일을
하든 눈을 맞추고 따뜻하게 안겨 오며 "엄마, 엄마"라고 불러
주는 이 어여쁜 생명 덕에 우리는 일상을 늘 새롭게 가꿀 수
있는 것이다.

그러니 힘들 때면 괴테의 이 말을 기억하라.

"너는 자꾸 멀리만 가려느냐. 보라, 좋은 것이란 가까이 있
다. 다만 네가 잡을 줄을 알면 행복은 언제나 거기에 있나니."

그때그때
상황에 맞는
최선을
선택하라

3~4년 전부터 나는 여태까지 해 오던 부모 교육이나 아동 발달, 성폭력 분야가 아닌 독특한(?) 주제로 강연을 해 달라는 요청을 제법 받는다. 여대생이나 전문직 여성들을 대상으로 '자기 관리' 또는 '여성으로서의 일과 성공', '일하는 여성의 자기 계발'에 대해 내 이야기를 듣고 싶다는 것이다. 한번은 여러 번 전화를 해 거듭 부탁을 하기에 경영학이나 리더십 전문가도 아닌데 왜 나한테 이런 강연을 부탁하는지 되물은 적이 있다. 그쪽의 대답은 내가 두 아이를 키우면서 의과대학 교수로 자리를 잡았고, 아이들의 문제라면 발 벗고 나서는 전문가로 유명해졌으니 일과 성공, 결혼과 육아 등을 고민하는 20대, 30대 여성들에게 가장 좋은 답을 들

려줄 수 있지 않겠느냐는 것이었다.

나를 좋게 봐 준 것이 고맙기도 했지만, 한편으로는 아직 우리 사회에서 여성들이 아이 키우면서 정규직으로 일을 하기가 무척 힘들다는 사실을 다시 한 번 확인한 것 같아 안타까운 생각도 들었다. 실제로 내가 사회에서 만났던 젊은 여성들 중 많은 이들이 아이를 아주 늦게 낳거나 아예 안 낳을 생각이라고 말했다. 결혼 자체를 하지 않겠다고 선언하는 여성들도 적지 않았다.

그들은 두려운 것이다. 학창 시절 내내 남자보다 뛰어난 '알파걸'로 자랐는데, 막상 사회에 나와 보니 제도를 떠나 여성에 대한 무의식적인 폄하가 존재하고, 오롯이 여성이 책임져야 하는 가정과 육아가 생각보다 너무 큰 산으로 느껴지는 것이다. 게다가 먼저 결혼한 여자 선배들이 중도에 정규직을 포기하거나 육아 때문에 힘들어하는 것을 보면서 그 두려움이 결코 과장된 것이 아니라는 것을 깨달았을 테니 겁이 날 만도 하다.

그 강연을 수락하지는 않았지만 '만약 내가 후배 여성들을 만난다면 어떤 말을 해 주는 게 제일 좋을까?' 하고 속으로 질문을 던져 보았다. 그리고 사회에 첫발을 내딛는 여성들이나 1~2년차 일하는 엄마들이 잊지 말아야 할 것들이 무엇일지를 찬찬히 돌아봤다. 여러 가지 이야기가 있겠지만 내가 꼭

하고 싶은 한마디는 바로 '적응하라'였다.

적응하는 사람만이 살아남는다

생명이 어떻게 진화했는지를 연구했던 다윈의 결론은 '적자생존(適者生存)'이었다. 즉 살아남는 종은 '강한 종'이 아니라 환경에 '적응하는 종'이라는 말이다. 우리는 약하면 잡아먹히고 강해야 살아남는다는 약육강식의 논리로 세상을 본다. 더 많은 돈을 모으고, 더 많은 권력을 잡으면 더 강한 힘을 발휘해서 살아남을 것이라 생각한다. 그러나 가장 크고 강한 종이었던 공룡은 그 큰 몸집 때문에 갑자기 닥친 빙하기에 살아남지 못했고, 강한 힘으로 이웃 나라를 무찔렀던 제국들 역시 역사책에만 이름을 올린 채 사라지고 말았다. 오히려 주변에서 치면 치는 대로, 바람이 불면 바람 부는 대로 넘어졌다 일어섰던 잡초 같은 나라들과 작은 곤충들, 들풀들이 끈질기게 살아남았다.

회사나 조직 생활에서도 마지막에 살아남은 사람을 가만히 보면 가장 유능하고 가장 힘이 있었던 사람이 아니라 어떤 상황에도 유연하게 대응해 적을 만들지 않는 무난한 사람이다. 적이 없으니 공격받을 일도 없고, 자연히 마지막 승자가 되는 것이다. 나를 보호하면서 적을 만들지 않고 살아남는 법, 그

것이 바로 '적응'이다.

적응을 하려면 두 가지를 잘 해야 한다. 우선 '나'를 알아
야 한다. 내가 원하는 것이 무엇인지, 내가 할 수 있는 일이 무
엇인지, 내가 못하는 것이 무엇인지 명확해야 한다는 것이다.
일하는 엄마라면 일을 할 때 가장 즐겁고 행복한지, 아이와
있는 것이 더 좋은지에 대한 자기만의 답을 가지고 있어야 한
다. 그래야 어떤 상황이 벌어져도 흔들리지 않고 중심을 잡으
며 적응하는 길을 찾을 수 있다.

의과대학은 오랫동안 남성 중심적으로 돌아갔고, 조직 문
화도 군대식으로 권위적이다. 내가 처음 교수로 임용되었을
때 연세대학교에 의과대학 여자 교수는 극소수였다. 그 속에
서 새파란 여자애가 교수로 임용된 것을 두고 많은 사람들이
탐탁지 않아 했다. 그러나 운 좋게도 지원한 사람 가운데 내
가 객관적인 '스펙'이 가장 좋았기 때문에 임용될 당시에는
모두 수긍할 수밖에 없었다.

그런데 내가 두 아이를 키우며 일을 하느라 다른 교수들과
다른 행보를 보이자 나에 대한 비난이 공식화되었다. 한번은
진료를 보다가 경모가 손을 다쳐서 응급실에 왔다는 연락을
받았다. 잠시 진료를 멈추고 응급실에 가서 경모를 살펴보고
오느라 한 시간쯤 자리를 비웠다. 기다리는 환자들에게 미안
했지만 급한 처치를 필요로 하는 환자들이 아니어서 같은 엄

마의 마음으로 이해해 주길 바란다고 양해를 구한 상태였다. 그런데 그 이야기가 퍼져서 '신의진 선생은 의과대학 교수로서 자격이 없다'라는 연판장이 돌았다. 나와 친하다고 생각했던 동료도 거기에 서명을 한 걸 보고 배신감과 자괴감이 동시에 느껴졌다. 그 동료에게 가서 "정말 내가 이런 말을 들을 만하다고 생각하느냐?"라고 물으니 미안하다고 말하면서도 이렇게 대답했다. "신 선생을 미워하는 사람들이 너무 많아. 나 같으면 벌써 그만뒀다. 개업해도 충분한 사람이 왜 이런 대접까지 받으면서 다녀?"

그의 말처럼 더러운(?) 꼴 안 보려면 나가서 개업하는 것도 방법이고, 다른 자리를 찾아갈 수도 있다. 하지만 나는 연세대학교 의과대학에서 많은 환자를 보면서 의사로서의 역량을 쌓을 수 있었고, 내가 더 성장할 수 있도록 자극하는 도전도 만났다. 그만두면 몸과 마음이 편할 수는 있어도 계속 성장할 수는 없을 것 같았다. 나는 돈보다, 편안함보다 성장이 중요한 사람이었다.

머릿속으로 이런 결론을 내리고 나자 해야 할 일이 명확해졌다. 나는 나를 최대한 보호하기로 했다. 용감하게 병원장을 찾아가서 "이런 일이 벌어지고 있는데, 나는 여기에 승복하기가 어렵다"고 말했다. 그리고 지금까지 내가 다른 사람 못지않게 얼마나 열심히 일해 왔는지를 증명하는 객관적인 자료들을 보여 줬다. 병원장은 나를 찾아오는 외래 환자들이 제일 많다는 자료를 보더니 크게 신경 쓰지 말라며 없던 일로 만들어 주었다.

만약 내가 하고자 하는 일에 대한 확신과 열망이 없었다면 나는 쉽게 '이런 일 겪지 말고 그만두자'라고 체념하고 병원장을 만날 생각도 못했을 것이다. 병원장을 만나는 행동 자체가 또 비난의 소지가 될 수 있음을 알면서도 감행(?)한 것은 그만큼 '내가 원하는 것'에 충실했기 때문이었다.

두 번째로는 환경을 잘 알아야 한다. 자신이 처한 환경이 고칠 수 있는 것이냐, 아니냐에 대한 판단을 빨리 내려야 한다는 말이다. 바꿀 수 없는 환경이라면 최대한 맞추는 모드로 가야 하고, 바꿀 수 있는 환경이라면 가진 자원을 최대한 동원해서 바꾸어 나가야 한다.

내가 고칠 수 없다고 판단한 것은 시댁의 가부장적인 문화였다. 가끔 시댁에 가서 앉아 있으면 내가 지금 조선 시대로 타임슬립한 것은 아닌지 의심이 들 정도로 당황스러울 때가 많았다. 하지만 몇십 년을 그렇게 살아온 분들의 생각을 일개 둘째 며느리가 바꿀 수는 없었다. 그래서 아무리 바빠도 명절이든 휴가든 시간이 나면 반드시 부산 시댁으로 내려갔고, 쉴 생각은 꿈에도 못하고 묵묵히 시댁 일을 도왔다. 그 모습이 나도 몹시 낯설고 자존심이 상할 때도 있었지만 바꿀 수도 없는 시댁과 감정적으로 부딪히면 상처만 남을 것이 뻔히 보였다. 거기에 에너지를 쏟느니 부조리를 그냥 받아들이면서 그 에너지를 우리 아이나 병원 일에 돌리는 게 나았다. 내가 여자인 것이 선택이 아니라 주어진 운명인 것처럼, 시댁의 문화도 그렇게 받아들였다. 물론 고통스러웠지만 그 고통을 피하려고 애쓰지 않고 꿀꺽 삼켜 버렸다.

대신 바꿀 수 있는 환경을 바꾸는 데는 전심전력을 다했다. 둘째 정모가 세 살 무렵, 수두에 걸렸다. 논문 마감일도 임박해 있었다. 당연히 어린이집엔 갈 수 없었고 아이는 아프니 내게 매달렸다. 긁지 못하게 손에 수건을 대고 거의 시간마다 체크해 주어야 했다. 2주 후에는 경모가 걸렸다. 예방접종을 했어도 수두는 약하게 앓고 지나간다. 전염병이라 등교도 곤란했다. 수두가 다 나은 정모도 형아가 집에 있으니 어린이집을 안 가겠다고 떼를 썼다. 난 논문을 써내야 했다. 이 상황을 어떻게 해결할 것인가. 우선 남편에게는 아침 저녁 식사를 알아서 해결하라고 부탁했다. 그리고 양가의 부모님들이 어떤 상황인지 살폈다. 시댁 쪽 상황이 더 나아 보여 간곡히 올라와 주십사 부탁드렸다. 만약 시댁 어른들이 도와주지 못할 상황이었다면 동생들을 부르든가, 아이들 친구 엄마에게 부탁하든가 어떻게든 또 다른 방법을 마련해 냈을 것이다.

내가 쓸 수 있는 패를 찾아라

　　　　　　　　　　적응이란 낯설고 불리한 상황에서 유연해지는 것이다. 적응하기로 마음먹고 상황을 보면 내가 움직일 수 있는 '패'가 보인다. 어떻게 할 도리가 없어 보이는 암담한 상황도 거리를 두고 보면 어슴푸레 길이 보인다. 지금 젊은 여성들이 갖는 두려움과 불안은 어쩌면 결혼하기 전과 달라지고 싶지 않다는 욕구 때문인지도 모른다. 그렇지만 결혼으로 인해 새로운 상황을 만나게 되면 거기에 맞춰 변화해야 한다. 일하는 엄마도 마찬가지다. 아이가 태어나 상황이 바뀌었다면 그 자리에서 할 수 있는 일이 무엇인지를 찾아야 한다.

　당신이 일하기로 선택한 것은 당신의 행복을 위한 스스로의 선택이다. 그런데 어쩔 수 없는 상황이라는 말로 불행한 희생자가 되기를 자처하지 마라. 그 말을 하기 전에 오직 '지금 여기'서 할 수 있는 일이 무엇인지를 따져 보고 그것에 최선을 다하라.

　큰 산을 오를 때에는 정상이 얼마나 남았나를 생각하지 않고 오직 눈앞의 한 걸음에만 집중해야 한다. 두려움과 불안과 고단함을 백번 이해하지만 일과 육아를 모두 잡는 일이 그렇게 못 넘을 산이 아니라고, 가기로 마음먹는다면 얼마든지 갈 수 있다고 나는 말해 주고 싶다. 그리고 장 자크 루소의 말도 함께 들려주고 싶다.

"인간은 어디에나 구속되어 있지만 동시에 어디에서든 자유로울 수 있다. 일어난 일을 되돌릴 수는 없지만 그것을 어떻게 받아들이는지는 전적으로 의지의 문제다."

당신은
충분히
잘하고 있다

경모가 아직 젖병을 물고 있을 때의 일이다. 1월 3일, 새해를 맞아 교수님 이하 제자들이 모두 모여 신년하례식을 하는 데 가야 했었다.

오랜만에 정장으로 차려입고 집을 나서는데, 경모가 그날따라 유난히 칭얼거렸다. 잠깐 달래 주려고 안아서 토닥이는 순간, 내 어깨 위에 웩 하고 아침에 먹은 우유를 토해 버렸다. 속옷까지 흠뻑 젖어 다시 몸을 씻고 옷을 갈아입고 가느라 결국 신년하례식에는 30분 늦었다.

신년하례식장에 문을 빼꼼이 열고 들어서는 순간, 30여 명이 모두 나를 보고 비난과 질책의 눈초리를 보냈다. 온몸이 따가웠다.

"신 선생, 새해 첫날부터 지각하는 건가?"

"이런 건 신 선생 연차가 미리미리 와서 준비해야지."

"선배들을 뭘로 보나? 까마득한 선배들이 후배를 기다려야 겠어?"

왜 늦었는지 아무도 묻지 않았고, 나 또한 설명하지 않았다. 만약 교통사고가 나서 늦었다면 '사고가 났었습니다' 하고 간단히 말할 텐데, '아이를 안다가……'로 시작하는 변명은 참 구질구질했다. 쏟아지는 비난의 말에 그냥 고개를 조아리며 "죄송합니다, 죄송합니다"라고 말할 수밖에 없었다.

아이를 낳기 전에는 한 번도 그런 실수를 저지른 적이 없었다. 오히려 매사에 늦거나 약속을 잘 지키지 않는 사람을 불성실하다고 싫어하는 사람이 나였다. 그런 내가 늦어서는 안 되는 중요한 모임에 늦어서 머리를 푹 숙인 채 온갖 비난을 듣는 상황 자체가 참 낯설고 슬펐다.

썩 괜찮았던 나의 이미지가 와장창 깨지는 순간의 자괴감. 그런데 이건 시작에 불과했다. 아이가 자라면서 나는 더 많은 '욕'을 들어야 했다.

경모가 막 초등학교에 들어갔을 때다. 그때 경모 담임 선생님이 미술 과목을 중요하게 생각하고 그림 그리기를 독려하는 분이었다. 문제는 경모가 전혀 그림을 그리려고 하지 않는다는 것이었다.

그림 그리는 시간에 경모는 스케치북을 아예 꺼내 놓지도 않고, 자리에서 일어나 돌아다녔다. 선생님은 아이 한 명 한 명의 특성을 존중하기보다 모두 함께 지켜야 할 규칙은 꼭 지켜야 한다고 생각하시는 분이라 경모는 매일 혼나는 게 일이었다. 날마다 경모 반 친구 엄마들이 전화로 '경모가 오늘 얼마나 말썽을 부렸는지'를 알려 주었다.

"경모 엄마, 오늘 경모가 그림 그리라는데 안 그리고 돌아다녀서 선생님이 벌세웠다는데요?"

"경모가 글쎄 선생님이 손바닥을 때리는데도 웃어서 선생님이 더 화가 났대요. 경모 왜 그랬대요?"

선생님을 찾아갔더니 고개를 절레절레 흔들면서 경모를 지도하기가 너무 어렵다고, 경모한테 맞는 대안학교를 찾아가는 게 어떠냐고 했다. 공교육 환경에서 경모 같은 아이가 적응하기는 쉽지 않을 거라고도 했다.

이제 막 1학년에 들어갔을 뿐인데 학교에 적응하기 어려운 아이라는 말이 얼마나 청천벽력 같던지.

그렇지만 쉽게 포기할 수가 없었다. 나는 경모가 기질적으로 예민한 아이라서 그렇다고 설명하고, 지금 치료를 하고 있다는 점을 차분히 말씀드렸다. 또한 다른 아이들보다 적응하는 데 시간이 조금 걸리는 편이니 대안학교에 갈 때 가더라도 일단 미술 시간에 경모에겐 만들기나 책 보기를 허용해 주시면 안 되겠느냐고 부탁드렸다.

내가 보기에 지금 경모에게 필요한 것은 학교와 그림 그리는 시간에 적응할 수 있는 충분한 시간이었다. 그렇지만 선생님은 그렇게 하는 건 교육적이지 못하다고 단호하게 거절했다. 경모에게만 그렇게 하는 건 '특혜'일 수 있다는 것이다.

"선생님. 만약 이렇게 몇 달 하고도 경모가 나아지지 않으면 제가 무슨 수를 쓰겠습니다. 예민한 아이가 학교에 처음 입학해서 적응하는 과정이라 생각하시고, 편의를 좀 봐주십시오."

솔직히 말하자면 소아정신과 전문의이자 아동발달학자로서 내가 가진 전문성과 경험을 무기로 선생님의 생각을 하나하나 반박하고 싸울 수도 있었다. 하지만 그게 무슨 소용이랴. 선생님 입장에서 나는 '문제아'의 엄마일 뿐이었다.

학부모가 머리를 숙이고 간곡하게 부탁하자, 선생님은 "그렇게까지 말씀하시니, 어쩔 수 없네요. 그럼 어머니 의견대로 경모가 미술 시간에 다른 걸 할 수 있게 하지요"라고 말했다. 결국 경모는 그 이후 미술 시간에 제자리에 앉아서 하고 싶은 일을 할 수 있었고, 다행히도 더 이상 문제 상황을 만들어 내지 않았다.

엄마로서의 자신을 지지하고 응원하라

나는 자존심이 참 강한 사람이라서 아이를 낳기 전까지만 해도 남들이 나에 대해 나쁘게 말하는 것을 용납하지 못했다. 그런데 아이를 낳고 기르면서 나는 하루도 빼놓지 않고 나를 욕하고 비난하는 소리를 들었다.

세상은 결코 '너 참 애쓴다', '너 정말 힘들겠구나', '내가 좀 도와줄게'라고 말하지 않았다. 직장에서는 '왜 일을 더 못하느냐', '왜 성과가 이것밖에 안 되느냐', '왜 남들과 같은 방식으로 일하지 않느냐'고 힐난했고, 아이와 관련해서는 '왜 아이가 이렇게 문제가 많으냐', '아이가 문제가 많은 게 혹시 엄마가 소홀해서 그런 것 아니냐'고 비난했다.

처음에는 그 비난이 견딜 수 없을 만큼 몹시 아프기도 하고, 정말 내가 어디 하자 있는 인간인 건 아닌가, 다른 엄마들은 다 잘하고 있는데 나만 이렇게 헤매고 있나 싶어서 괴로웠다. 그렇지만 곰곰이 따져 보니 그 모든 비난이 나의 전체 모습을 보지 않고 어떤 하나의 면만 가지고 하는 말이라는 걸 알게 되었다.

어떤 사람은 '여자들은 그래서 문제야', '뒤에 봐주는 사람이 있어서 그거 믿고 저러나'처럼 어떤 편견에 사로잡혀 공격하기도 했다. 또 어떤 사람은 내가 싫어서라기보다 나의 행동이 자신의 약한 고리를 건드렸기 때문에 기분 나빠했다. 물론 내가 받아들여야 할 정당한 비난도 있었다.

5년쯤 지나자 나는 남이 나를 어떻게 평가하고 말하는지에 더 이상 연연하지 않게 되었다. 근거 없는 비난은 가볍게 흘려버리고, 내가 받아들여야 할 이야기들은 귀담아 듣고 전보다 더 나은 내가 되기 위해 애썼다. 내가 그렇게 할 수 있었던 것은 나 스스로 아이를 키우며 일하는 엄마로서의 나를 지지하고 응원하며 자랑스러워하기 시작했기 때문이다.

당신은 어느 순간에 가장 가슴이 벅차오르는 행복을 느끼는가? 직장이나 학교에서 '최고'라는 인정을 받았을 때인가? 아니면 돈을 열심히 모아 집을 넓혀 갔을 때인가? 남편이 승진하거나 아이들이 좋은 학교에 들어갔을 때인가?

하버드대 의과대학 교수 조지 베일런트는 하버드 졸업생들 800명의 생애를 70여 년 동안 인터뷰하여 그들이 어떻게 오래도록 행복했는지를 연구해 『행복의 조건』이라는 책을 썼다. 여기서 그는 행복의 조건으로 일곱 가지 요소를 꼽았다. 고통에 대응하는 성숙한 방어기제, 교육, 안정된 결혼 생활, 금연, 금주, 운동, 알맞은 체중이 그것이다. 이 중 대여섯 가지 조건을 충족했던 사람들이 노년에도 행복한 생활을 할 확률이 높았다.

그런데 몇 년 후 조지 베일런트는 새로운 연구를 내놓았다.

교육, 금연, 금주, 운동과 같은 물리적 조건을 넘어 궁극적으로 행복의 질을 결정하는 것은 사랑, 용서, 희망, 기쁨, 믿음, 연민 같은 긍정적 감정이라는 것이다. 스스로 '나는 행복하다'라고 생각한 사람들은 이런 감정을 북극성 삼아 움직여 온 사람들이었다.

신기한 것은 놀랍게도 여성이 남성보다 긍정적인 감정을 더 잘 느낀다는 점이었다. 연구자들은 여성들이 두 배 정도 우울증 경험이 많지만 긍정적 정서 역시 남성보다 훨씬 더 많이, 더 자주, 더 강렬하게 경험한다고 말한다.

이런 결과가 나온 것은 정신분석학적으로 여성성이 서로 의존하는 관계를 지향하고, 그 관계에서 감정을 나누면서 즐거움을 함께하는 데 탁월하기 때문이다. 남을 돌보면서 사랑을 나눠 주고, 직장에서 "복사 좀 해 줘"해도 '그걸 내가 왜 해야 하지?'라고 생각하지 않고 '함께 일하는 동료니까 내가 도와줘야지' 하는 마음으로 기꺼이 도와주는 마음이 여성성이다. 네가 아프면 내가 아프고, 네가 즐거우면 나도 즐거운 공감의 마음을 갖는 게 여성성이며 그것이 아이를 향해 극대화된 것이 모성이다. 그러니 나만의 행복이 아니라 남의 행복에도 함께 행복감을 느낄 수 있으며, 긍정적인 감정을 더 잘 느끼게 되는 것이다.

그러나 우리 사회는 서로 돕고 따뜻하게 위로하고, 돌보아

주고, 아픈 부분을 다독이는 것에 대해 큰 가치를 부여하지 않는다. 물질적 보상, 생산성, 효율성 등 자본주의의 잣대에 맞추어 보았을 때 가치가 없다고 판단한다. 그렇지만 더 많은 부, 더 화려한 성공만으로 채울 수 없는 결핍들이 있다. 그것을 채워 주는 것은 돌봄과 공감하는 마음이라는 점을 인정하지 않으면 우리 사회는 갈수록 더 각박하고 매몰차질 수밖에 없다.

그런데도 모성과 여성성에 대해 사회에서 생각하는 수준은 고작 '출산장려금 지급'과 '보육료 지원'처럼 돈에 관련된 차원에 머물러 있다. 나는 여성들이 왜 아이 낳기를 기피하느냐에 대한 깊은 성찰 없이 '돈을 주면 아이도 낳을 것이다'라고 판단하는 지극히 자본주의적이고 남성 중심적인 정책을 들을 때면 모욕감을 느낀다.

우리 엄마들이 지켜 내는 이 소중한 가치가 과연 돈으로 환산될 수 있기나 한 것인가?

생명을 잉태하여 키우는 기적, 아이를 사회의 울타리에서 안전하게 돌보려는 그 섬세하고 따뜻한 보살핌, 그로 인해 느끼는 인간으로서의 만족감과 성장 등에 대한 가치를 진지하게 고려하고 충분히 인정해 주는 것에서부터 시작해야 여성들의 생각도 차차 변화할 것이다.

세상의 모든 엄마는 위대하다

누군가 내게 "당신은 언제 가장 행복했었나요?"라고 물어 오면 나는 바로 둘째 정모가 아직 아기였을 때 그 포동포동한 볼과 목, 팔에 얼굴을 비비고 아기 냄새를 맡고 있던 순간으로 돌아간다. 그때 생각만 하면 아무리 싸늘하고 어두운 공간에 있어도 온몸에서 온기가 돌며 얼굴 가득 행복한 미소가 번진다. 가슴이 따뜻하게 벅차올라 가끔 눈물이 핑 돌기도 한다. 그 순간만큼 나는 사랑, 용서, 희망, 기쁨, 믿음, 연민과 하나가 된다.

나는 내가 엄마가 되지 않았다면 이 긍정적 감정들을 이렇게 쉽게 느낄 수 없었음을 안다. 그리고 내게 이런 순간이 허락되었다는 사실에 무한한 감사를 느끼며 엄마라는 사실이 무척 든든하고 자랑스럽다.

당신이 지금 어떤 모습이든, 가사와 직장 일에 지쳐 피폐한 모습이든, 직장에서 잘나가는 동료에게 뒤처지는 모습이든 상관없이 당신은 아이의 엄마로서, 또 사회와의 연결의 끈을 놓지 않고 성장해 나가는 한 인간으로서 충분히 잘하고 있다.

그러니 초라해지지도, 자책하지도 말자. 아직 우리 사회가 그 가치를 제대로 보아 주지 못했을 뿐이지, 당신은 아이의 성장과 자신의 성장을 동시에 이끌어 나가는 위대한 일을 하고 있다.

우리는 언제나 그걸 기억해야 한다. 엄마들이 지켜 나가는 이 위대한 가치 덕에 인간은 행복을 누릴 수 있다는 것을.

인생의 모든 중요한 단계에서
우리를 먹여 살리고, 우리를 떠받쳐 주고,
우리를 위로해 주는 것은 '인간의 사랑'이다.
나에게 있어 아기를 먹이는 어머니의 젖가슴은
인간의 사랑을 나타내는 가장 강력한 상징이다.
―달라이 라마

Chapter 2

아이가 아픈 것은
결코 당신 때문이 아니다

아이는 자신이 아픈 걸 엄마 때문이라고 생각하지 않는다.

만약 아이가 부모 때문에 아프다면

그건 엄마가 일하기 때문이 아니라

엄마가 자신의 삶에 만족하지 못해 불행하다고 느끼기 때문이다.

그러니 일을 한다는 이유로

무조건 아이에게 미안해하지 마라.

당신은
왜 일을 하는가?

20년 동안 나를 뜨거운 불판 위에서 뛰는 것처럼 살게 했던 큰아들이 작년에 드디어 군대에 갔다. 작은아들도 열여덟 살이 되었다. 이제 두 아이들은 성인으로서 스스로의 인생을 책임지며 살아갈 것이다. 비로소 나는 육아와 일의 갈등에서 해방되었다.

일하는 엄마로서 아이를 키우는 시간은 기쁨이 넘치기도 했지만 죄책감, 억울함, 그리고 고단함과 좌절도 가득한 시간이었다. 그럴 때마다 나는 스스로에게 물었다.

'나는 왜 일을 하는가?'

직장에서, 집에서 크고 작은 일이 생길 때마다 나는 이 질문을 하면서 앞으로 나갈 힘을 얻었다. 일을 하는 이유를 스스로에게 명확히 대답하고 나면 지친 몸과 마음을 추스르고 다시 삶의 중심을 잡을 수 있었다.

내가 일을 하는 이유

중학교 2학년 때 나는 '무슨 일이 있어도 커서 일을 해야겠다'고 마음먹었는데 그것은 순전히 엄마 때문이었다. 엄마는 내가 전교 1등을 하지 못하면 무조건 회초리부터 드는 극성 엄마였다. '1등을 해야 한다, 일류 대학에 가야 한다' 노래를 부르셨지만 한 번도 나에게 사회에 나가서 좋아하는 일을 하며 꿈을 펼치라고 말한 기억은 없다. 또 시장에 가면 한 푼이라도 깎으려고 애를 쓰면서도 백화점에 가서는 비싼 옷도 통 크게 사셨다. 한창 예민했던 사춘기 시절에는 엄마의 그런 모습이 너무 이중적이고 모순되게 느껴졌다.

하지만 아버지는 달랐다. 내가 의대에 가겠다고 했을 때 아버지는 "너 하고 싶은 대로 해야 후회를 안 한다"며 내 꿈 그 자체를 응원해 주셨다. 그리고 성적이 좋아서 장학금을 받을 수 있게 됐을 때는 그 장학금을 받지 말라고 말씀하셨다. 장학금은 공부 잘하는 학생을 위한 게 아니라 형편이 어려운 학생들을 위한 제도라고 말이다. 또 우리보다 형편이 어려워 보이는 사람을 만나면 그냥 지나치지 못하셨다. 기부는 어쩌다 한 번 요란하게 하는 게 아니라 자기가 만나는 어려운 사람을 그때그때 돕는 거라고 늘 강조하셨다. 한번은 엄마가 당시 유행하던 일제 코끼리 밥통을 사겠다고 하자 우리나라의 대외무역적자가 얼마나 큰지 설명하시며 만류했던 기억도 난다.

열다섯 살 어린 눈에 엄마와 아버지의 차이는 정말 엄청나게 크게 느껴졌다. 아버지는 큰 식견을 가지고 넓은 시각으로 세상을 보면서 늘 남을 생각하셨는데, 엄마는 당장 눈앞의 이익과 우리 가족만 생각하는 데에 머물러 있는 듯이 보였다.

'우리 엄마처럼 똑똑한 사람이 왜 저럴까?'

나는 그 차이가 '바깥일'을 하고, 하지 않고의 문제라고 결론 내렸다. 집 안에만 있으니 자신이 가진 재능을 오직 자식들 성적 관리에만 쏟아붓는 것이라고.

부모님 말이라면 무조건 비딱하게 듣고 모든 사랑과 관심을 간섭이라고 생각했던 사춘기 때여서 엄마에게 더 가혹한 잣대를 들이댔는지도 모르겠다. 지금은 엄마의 마음을 충분히 이해하지만 그때의 나는 엄마처럼은 살지 않겠다고 생각했다. 결혼을 하든, 아이를 낳든, 나는 무조건 일하는 여성이 되겠다고 말이다.

아마 그때였던 것 같다. 내가 의사가 되기로 결심한 것이. 의사라면 여자로서 평생 할 수 있는 일이라는 생각이 들었다.

사실 당시에 나는 이런 전문직 말고 여자가 어떤 일을 할 수 있는지 잘 몰랐다. 대기업 임원이나 사업가 혹은 정치가 같은 일을 여자가 하는 경우는 거의 없었고, 되고 싶다는 마음도 들지 않았다. 의사, 변호사, 선생님 정도가 안정적이고 인정도 받을 수 있는 직업이라고 생각했고 그 가운데 가장 끌렸던 '의사'라는 직업을 장래 희망으로 정했다. 다행히 정신과 의사는 내 적성에 딱 맞는 직업이었다. 만약 맞지 않았다고 해도 일을 하기 위해 내 적성과 재능 같은 건 한편으로 제쳐 두었을지도 모른다. 그만큼 내게 일은 '내가 원하는 삶'을 살기 위해 반드시 필요한 것이었다.

나는 직장에 다니지 않는 나를 상상할 수 없었다. 돈을 많이 벌기 위해서, 권력이나 명예를 얻기 위해서가 아니라 직장에서 성과를 내고 인정을 받고 싶었다. 두 아이의 엄마가 레지던트 과정을 밟으면서 석사, 박사 학위를 받고, 의과대학 교수가 되고 바로 해외 연수까지 다녀왔다는 건 그만큼 내 안에 사회에서 제대로 자리 잡고 싶다는 열망이 강했다는 이야기이다.

포기하고 싶은 순간이 없었던 것은 아니다. 하지만 그때마다 '나는 왜 일을 하는가?'를 물었다. 답은 항상 같았다. 일할 때, 인정받았을 때 행복했다.

물론 엄마일 때도 아주 행복했지만 의사로, 학자로, 선생으로 일할 때 '내가 잘 살아가고 있구나', '내가 쓸모 있는 존재구나' 하는 자존감을 느꼈다. 그래서 일과 아이 모두 포기할 수 없었다.

나는 하루하루 더 성장하는 내가 되고 싶었다. 어제와 다른 생각을 갖고, 한 걸음 더 나아가고, 새로운 나를 만나는 일처럼 나를 매혹시키는 것은 없었다. 아이를 키우며 따뜻함과 너그러움, 기쁨과 사랑을 알게 된 '나'도 소중하지만, 소아정신과 의사로서 많은 아이들과 부모들을 돕는 '나' 역시 중요하고 의미가 있었다. 이 둘은 선택의 문제가 아니라 반드시 함께 끌고 가야 하는 부분이었다.

게다가 엄마와 의사라는 두 역할은 서로에게 좋은 영향을 주고 있었다. 내가 아이를 키우는 엄마이기 때문에 소아정신과 의사로서의 지평이 넓어질 수 있었고 마음이 아픈 아이들에게 좀 더 가까이 다가갈 수 있었다. 또 내가 일하는 엄마이기 때문에 엄마들의 죄책감과 현실적인 어려움에 충분히 공감할 수 있었다.

경모가 남다른 아이라는 것을 알았을 때도 여느 엄마들처럼 두렵고 무척 슬펐지만 우울함과 좌절이 나를 덮치는 것을 막을 수 있었던 건 나에게 일이 있었기 때문이었다. 일을 하는 동안 슬픔과 두려움에서 벗어나 나를 추스를 수 있었고, 일하며 얻은 성취감으로 다시 씩씩한 엄마가 될 수 있었다.

'왜 일하는가?'에 대한 당신만의 답을 찾아라

엄마들은 일과 육아 사이에서 다양한 선택을 한다. 어떤 엄마들은 아이와 가정을 돌보기 위해 하던 일을 완전히 그만둔다. 또 어떤 엄마들은 나처럼 가능한 온갖 자원을 동원해서 정규직 일자리를 지켜 나가려 애쓴다. 그중에서는 일에서 성공하기 위해 육아와 가정에 쏟는 에너지를 대폭 줄이는 사람도 있고, 승진이나 평가에 연연하지 않고 직장을 유지하는 데에만 신경을 쓰면서 육아에 더 큰 비중을 두는 사람도 있다. 그런가 하면 일을 해서 인정을 받고 성공하고 싶어서가 아니라 오직 생활비를 벌기 위해서 일을 하는 사람도 있을 것이다. 이 모든 선택은 각자의 행복을 위해 내려진 최선의 것이므로 옳고 그름을 넘어 충분히 존중받아 마땅하다.

어떤 이유로 일하는 엄마이기를 선택했고, 일에 대해 어떻게 생각하는지는 사람마다 다르겠지만 일하는 엄마로 살기로 마음먹었다면 끝까지 흔들리지 않기를 바란다. 일은 경제적 보상만도 아니고, 명예만도 아니고, 자아실현만도 아니다. 일은 그 모든 것의 합이다. 분명 일을 통해 깨달을 수 있는 인생의 가치가 있고, 그것은 누구나 경험해 볼 만한 의미 있는 것이라고 생각한다. 중요한 것은 '나는 왜 일을 하는가?'에 대한 자기만의 답을 찾기 위해 노력하는 것이다. 끊임없이 질문을 던지고 그 답을 확인하지 않으면 육아와 일 사이에서 계속 갈팡질팡하며 일에서 얻을 수 있는 소중한 가치들을 잊게 되기 쉽다.

일본에서 가장 존경받는 기업가라는 이나모리 가즈오는 『왜 일하는가』라는 책에서 이렇게 말한다. "도대체 무엇을 위해 일하는가? 궁금하다면 이것만은 명심해 주기 바란다. 지금 당신이 일하는 것은 스스로를 단련하고, 마음을 갈고닦으며, 삶의 중요한 가치를 발견하기 위한 가장 중요한 행위라는 것을." 또한 『서드 에이지, 마흔 이후 30년』을 쓴 사회학자 윌리엄 새들러는 "일이란 우리가 하고 싶어서 하는 일이고, 자신에 대한 재발견이며, 당신의 시간을 누군가에게 돈을 받고 파는 것 이상의 의미를 지닌다. 그리고 당신의 삶을 더욱 인격적이고 창조적이며 더 재미있는 것으로 만들어 주는 것이다"라고 썼다.

우리는 한 생애를 살아가면서 여러 역할을 맡게 된다. 처음엔 자식이었다가, 언니이고 동생이기도 했다가, 한 사람의 배우자로도 살고, 엄마로도 산다. 하나둘씩 역할들을 껴입으면서 우리는 그 역할들을 우리 자신으로 생각하게 된다. 그러나 그 역할들은 평생 지속되지 않는다. 자식의 역할도 부모님이 돌아가시면 할 수 없고, 엄마라는 역할도 자식이 성장하여 자신의 인생을 살아가게 되면 물러나 줘야 한다. 그걸 못하여 50대에 '빈둥지증후군'을 겪는 엄마들이 얼마나 많은가.

　그래서 나는 모든 엄마들이 궁극적으로는 '일하는 엄마'로 살기를 권한다. 직장을 다니거나 돈을 버는 일이 아니어도, 일을 할 때처럼 지속적으로 새로운 목표를 성취해 가는 삶을 살길 바란다. "당신이 무슨 일을 하는지는 중요하지 않지만 당신이 일을 한다는 것은 중요하다"라는 간디의 말처럼, 인생을 끝까지 의미 있게 살고 싶다면 엄마라는 역할 말고도 당신만의 창조성을 발휘할 수 있는 '일'을 놓지 말아야 한다. 그 사실을 잊지 않았으면 좋겠다.

아이가
아픈 것은
당신 때문이
아니다

'아이가 아프다.'

엄마들의 마음을 일순간에 쿵 무너뜨리는 말이다. 특히 일하는 엄마들은 아이가 아프다는 말을 듣는 순간 혼란에 빠진다. 그 혼란은 아이를 돌볼 사람을 구하고, 회사에 휴가를 내고, 아이에게 필요한 치료 방법을 찾는 것에서 끝나지 않는다. 가장 심한 혼란은 내부에서 일어난다. '내가 일에만 집중하느라 그동안 아이에게 소홀했구나. 그래서 아이가 아픈 거구나', '난 엄마 될 자격이 없는 사람이다', '회사에서는 또 아줌마라서 민폐 끼친다고 눈치 주겠지' 등등 죄책감과 자기 비하가 덮쳐 오고 '내가 무슨 영광을 보려고 이 고생인가. 다 때려치워야겠다' 라는 식의 무기력과 우울증에 빠져 버린다.

그나마 폐렴이나 장염처럼 1~2주만 잘 돌보면 회복되는 병이라면 부정적인 감정에 빠졌다가도 비교적 쉽게 평상심을 찾을 수 있다. 하지만 아이가 유치원이나 학교에 적응을 못해 자주 문제를 일으키거나 또래 아이들보다 발달이 늦어 특별한 돌봄을 필요로 하는 일이 일어난다면 '내가 좋은 엄마가 아니라서 아이를 망치는구나' 하고 엄마로서의 자기 자신에 대한 믿음이 없어지게 된다.

문제아 경모를 키우며 깨달은 것들

경모를 키우는 동안 내게도 그런 순간은 수시로 찾아왔다. 경모는 낯선 장소에 가거나 낯선 사람들을 만나면 고슴도치처럼 가시를 바짝 세웠다. 심지어 옷조차도 새것을 싫어했다. 그래서 새 옷을 사면 일부러 옷을 구기거나 잡아당겨서 입던 옷처럼 늘려야 했고, 신발은 항상 남의 것을 얻어 신겨야 했다.

밥 먹이는 것도 전쟁이었다. 잔병이라는 잔병은 다 앓고 지나갈 정도로 약했던 경모는 먹는 것까지 신통치 않아 밥 먹일 때만 되면 내 속을 까맣게 태웠다. 먹는 것보다 뱉고 토하는 것이 더 많았고, 첫돌이 지날 때까지 다른 아이들이 먹는 양의 절반도 먹지 못했다.

그래도 먹는 것과 입는 것은 내가 어떤 노력이라도 할 수 있으니 나은 편이었다. 경모는 갑자기 '이유 없이' 자지러졌고, 아무런 '이유 없이' 30분 단위로 깨어나 울었다. 왜 할머니 옷을 갑자기 잡아채 찢어지게 만드는지, 왜 바닥에 자기 머리를 찧는지 아무리 이해하려고 노력해도 도저히 이해할 수 없는 일들이 너무나 많았다.

좀 더 크면 나아지겠지, 마음을 졸이며 기다려도 아이는 쉽게 달라지지 않았다. 유치원에 들어가서 친구들과 어울리지 못하고 저 혼자 기차놀이를 하는 건 문제 축에도 끼지 않았다. "더러워서 싫다"며 무려 1년 동안 유치원 마당에 깔려 있는 모래에 손 한 번 대지 않았고, 푹푹 찌는 한여름에도 반바지 속에 내복을 입고 집을 나서는 아이가 바로 경모였다. 덕분에 나는 하루에도 몇 번씩 "죄송합니다", "조금만 기다려 주세요", "제가 타일러 볼게요"라는 말을 반복해야 했다.

경모가 일으킨 문제로 수시로 울려 대는 전화기를 볼 때마다 '내가 아이를 잘못 길렀나 보다', '내가 문제가 있는 것은 아닐까?'라는 자책은 기본이고, '경모는 정말 구제불능인 걸까?', '이 아이가 사람 구실은 하면서 잘 살 수 있을까?' 같은 절망적인 생각들이 끝도 없이 펼쳐졌다. 하루에도 열두 번씩 모두 던져 버리고 당장 도망치고 싶다는 생각을 했다.

하지만 그래도 내 아이니까, 내가 엄마니까 끝까지 포기할 수 없었다. 아이에게 맞는 육아 도우미를 찾기 위해 백방으로 뛰어다니고, 유치원 선생님을 따로 찾아가 머리를 조아리며 아이를 부탁했다. 어떻게든 경모를 제대로 키워야 한다는 생각뿐이었다.

그런데 아무리 발바닥에 땀이 나게 돌아다녀도 다시 똑같은 문제로 경모와 씨름하고 있는 나를 보면서 어느 순간 '노력해도 내 마음처럼 되지 않는 것이 있구나'라는 깨달음이 왔다. 경모의 인생이 마치 내 인생인 것처럼, 노력하면 다 해결되는 것처럼 마음을 졸이며 애를 썼는데, 그건 처음부터 가능하지 않던 일이었다. 내 인생도 내 뜻대로 되지 않을 때가 더 많은데, 하물며 아이 인생은 어떻겠는가. 그런데도 내가 부족해서, 내가 잘못해서 아이가 문제를 일으킨 것처럼 자책했던 나 자신이 우스워졌다.

바쁜 것으로 치면 다섯 손가락 안에 꼽히는 직업을 갖고 있으면서 이렇게 예민한 아이를 키우는 엄마가 과연 몇이나 될까 생각해 보았다. 그렇게 생각하니까 내가 아이를 아프게 만들 정도로 무신경하고 부족한 엄마라는 생각은 들지 않았다. 아니, 그 누구라도 나만큼 해내기는 쉽지 않을 것이라는 자신감이 들었다.

'사회복지'라는 시스템은 내가 아이를 봐 줄 사람을 찾지 못해 아등바등하는 동안 안심할 만한 어떤 대안도 내놓지 못했고, 남편 역시 아이는 엄마 몫이라며 일에만 빠져 있었다. 직장에서는 내가 제대로 일도 하지 못하면서 자리를 차지하고 있는 것처럼 눈치를 줬다. 학교 역시 경모를 문제아로만 여겼지 어떻게 가르쳐야 할지 고민하려 하지 않았고, 친정과 시댁에서는 "도대체 경모는 왜 그러니?"하고 걱정만 해서 오히려 날 더 불안하게 만들었다.

경모의 모든 문제를 내 책임으로만 가져오던 걸 멈추고 '이게 과연 다 내 잘못인가?'라고 물으니 비로소 나를 둘러싼 객관적인 상황들이 보였다. 물론 직장을 다니면서 지나치게 긴장한 상태였던 것이 아이에게 영향을 줘서 경모가 좀 더 예민해졌을지도 모른다. 하지만 전문가인 내가 판단하기에 그 정도는 초보 엄마라면 누구나 할 수 있는 실수였고, 나는 매 순간 아이에게 최선을 다해 사랑을 주려고 노력해 왔다. 그 사실을 떠올리자 비로소 스스로를 옭아매던 죄책감에서 서서히 빠져나올 수 있었다. 그리고 '아이가 문제를 일으키는 건 내 잘못이 아니다', '나는 엄마로서 충분히 노력하고 있다'하고 마음을 다독일 수 있었다.

그러자 처음으로 '경모가 어떤 병을 앓고 있는 건 아닐까?' 하는 생각이 들었다. 경모의 독특한 행동은 단순히 예민한 성격 때문이 아니라 '병의 증상'인지도 몰랐다. 검사를 해 보니 경모는 '틱(tic)'이라는 진단이 나왔다. 한 가지 물건과 상황에 집착하는 강박과 불안, 낯선 상황에 대한 거부감, 자극적인 말을 의미 없이 따라하는 행동인 반향어(echolalia) 등 경모의 모든 행동이 그제야 이해가 되기 시작했다. 그 이후 약물 치료와 불안을 없애는 치료를 병행하면서 경모는 조금씩 나아졌다.

나는 그때 처음으로 엄마로서 자부심을 느꼈다. 좋은 엄마가 되어야 한다는 생각에 갇혀 살 때는 뭘 해도 부족하고 지혜롭지 못한 엄마인 것 같고 경모도 결함이 많은 아이로만 보였는데, 나와 아이를 분리하는 순간 아이가 아픈 원인을 객관적으로 파악할 수 있었고 비로소 아이에게 도움이 되는 '좋은 엄마'가 될 수 있었다.

자책하지 말고 아이에게 더 집중하라

'내가 이것을 잘 해낼 수 있다'라는 믿음을 심리학에서는 '자기효능감(self-efficacy)'이라고 한다. 그중 엄마로서 양육에 대해 갖는 효능감을 '양육효능감'이라고 하는데, '나는 아이를 잘 기를 수 있으며, 혹여 아이와 엄마 사이에 문제가 발생해도 엄마로서 충분히 잘 해결해 나갈 수 있다'는 자신감을 뜻한다. 아이들에게 너그럽고 따뜻한 엄마를 가만히 들여다보면 이 양육효능감이 높은 경우가 많다.

이것이 중요한 이유는 양육효능감을 느낄 때 엄마의 행동이 문제를 해결하기 위한 긍정적인 에너지로 채워지기 때문이다. '나는 엄마 자격이 없다', '내가 잘못해서 우리 애가 잘못됐다', '나 때문에 아이가 아프다'라는 자책은 얼핏 보면 아이에게 초점이 맞춰져 있는 것 같지만, 사실 엄마 자신이 설정해 놓은 '좋은 엄마'의 기준을 충족시키지 못한 데 대한 실망과 슬픔에 더 집중한 것이다. 그러므로 자책은 문제를 해결하는 데 아무런 도움이 되지 않는다. 감정은 감정대로 소모되고 문제는 그대로 남아 있게 된다.

사람들은 일반적으로 좋은 엄마는 늘 아이 옆에 있으면서 아이의 욕구를 다 받아 주는 엄마라고 생각한다. 그러나 많은 연구들이 아이가 처음 세상과 형성하는 애착은 엄마라는 특정인에 한정되는 것이 아니라 두세 명의 '주 양육자(care giver)'를 대상으로 한다고 말한다. 생후 3년 동안 아이를 품어 주는 주 양육자가 계속 엄마일 수 있다면 가장 좋겠지만 그렇지 않더라도 아이의 정서와 지능에 영향을 주지 않는다는 것이다.

영국의 소아정신과학자 도널드 위니컷 역시 아이에게 필요한 엄마는 '좋은 엄마'가 아니라 '적당히 좋은 엄마(good-enough mother)'라고 말한다. 아이의 욕구를 늘 만족시켜 주는 '완벽히 좋은 엄마'는 아이가 새로운 행동과 기술을 익히는 데 오히려 방해가 된다. 아이에게 덜 맞춰 주는 '적당히 좋은 엄마' 밑에서 아이는 욕구가 충족되지 못했을 때 좌절을 견디는 능력을 키울 수 있고 독자적으로 인생을 살아가는 방법을 배운다. 그런 의미에서 보면 엄마가 꼭 해야 할 역할 가운데 하나는 아이가 어떤 아픔이나 좌절을 아예 느끼지 못하도록 하는 것이 아니라, 힘든 일이 있어도 그저 옆에서 지켜보면서 극복할 수 있도록 응원해 주는 것이다.

아픈 아이에게 엄마의 특별한 돌봄과 관심이 필요한 것은 분명하다. 그렇지만 아이들은 자신이 아픈 것을 결코 엄마 탓이라 여기지 않는다. 엄마의 사랑이나 능력이 부족해서 아픈 것이라고 원망하지 않는다는 말이다. 오히려 아이가 바라는 것은 나를 위해 최선을 다해 돌보고 사랑을 듬뿍 주는 것, 그것 하나뿐이다. 엄마는 그저 아이가 다시 건강해지길 기도하며 사랑으로 돌봐 주는 것으로도 충분하다.

집에
들어가는순간
on/off 스위치를
바꿔라

한 엄마가 초등학교 5학년 남자아이를 데리
고 왔다. 엄마는 아이가 너무 말을 듣지 않고 산만해서 혹시
ADHD는 아닌지 확인해 보고 싶다고 말했다. 아이는 입이 나
와서 볼멘 표정으로 뚱하게 앉아 있었다. 엄마에게 아이의 어
떤 행동이 가장 힘드냐고 물었다.

"제가 직장이 늦게 끝나서 하나하나 챙겨 줄 상황이 안 돼
요. 이제 열두 살이나 됐으니까 좀 알아서 했으면 좋겠는데
숙제해라, 씻어라, 방 치워라, 일일이 지적할 때까지 아무것
도 하지 않아요. 말을 듣는다고 해도 10분 이상 집중을 못해
요. 숙제도 10분, 방 치우는 것도 10분, 금세 또 다른 일을 벌
이고 있어요. 요즘은 제가 말할 때마다 소리를 질러서 말을

아예 못하게 하더라고요. 어떻게 해야 할지 모르겠어요."

사실 그 아이는 ADHD라고 진단을 내릴 정도는 아니었다. 다만 같은 또래의 아이들에 비해 스스로 자기 할 일을 계획하고 실행할 능력이 조금 부족했다. 엄마가 여유를 가지고 아이에게 시간을 준다면 굳이 병원을 찾지 않아도 자연스럽게 좋아질 일이었다.

하지만 엄마의 이야기를 듣다 보니 집에서 벌어지는 일들이 얼마나 심각했을지 훤히 그려졌다. 직장에서 돌아오자마자 잠시 쉴 틈도 없이 엉망진창이 된 집을 치워야 하는 엄마와 만나기만 하면 잔소리부터 하는 엄마를 무시하는 아이. 아마 아이를 믿고 기다려 주기에는 엄마가 너무 지쳤고, 할 일이 많았을 것이다.

나 역시 처음에는 퇴근을 해도 쉬는 것이 아니라 또 다른 일의 시작이라는 게 몹시 힘들었다. 마치 머릿속에 24시간 팽팽하게 당겨진 줄이 있는 것 같은 긴장감이 이어졌다. 특히 집에 들어왔을 때 아이를 돌봐 주는 아주머니가 내 생각대로 아이를 돌보지 않으면 나도 모르게 예민해져서 안 좋은 소리들을 하곤 했다.

지금 돌이켜 보면 나 역시 초보 엄마의 함정에 빠져 있었던 것 같다. 아이를 잘 돌봐야 한다는 압박감과 나는 전문가라는 부담감에 모든 면에서 완벽해지려고 했다. 게다가 일하는 엄마가 갖는 무의식적 죄책감 때문에 아이를 돌봐 주는 아주머니에게 이런저런 잔소리를 하는 것으로 모자란 엄마 노릇을 채우려고 했던 것도 같다.

나의 그런 태도가 효과가 있었을까? 전혀 아니었다. 내가 '아이 젖병은 바로바로 소독해 주셨으면 좋겠다', '턱받이를 한 시간에 하나씩 바꾸는 게 낫지 않겠느냐' 등등 잔소리를 하면 당연히 아주머니의 표정은 점점 어두워졌고, 집 안의 분위기는 싸늘하고 어색해졌다.

난 그때까지 직장과 가정은 완전히 다른 원리로 움직이고 있는 공간이라는 사실을 몰랐다. 직장은 능률을 중시하고 가시적인 결과와 성취를 추구하는 공간이고, 가정은 능률이나 성취보다 정서와 친근함이 오가는 공간이다. 직장에서는 잘못한 일이 있으면 따지고 고치고 잘하면 되고, 감정은 사실상 중요하지 않다. 물론 잘못한 일을 따지는 과정에서 기분이 나쁠 수도 있지만 그것이 일의 능률에 영향을 끼쳐서는 안 된다는 것이 불문율이다. 그렇지만 아주머니가 일하는 곳은 가정이라는 특수한 공간이었다. 내가 요구하는 것들이 감정을 상하게 하면 결국 나쁜 기분이 아이에게 전달되어 아이에게도 좋지 않을 거였다.

아들이 ADHD가 아닌지 물었던 위의 엄마 역시 직장과 집을 구분하지 못하고 있었다. 사랑과 돌봄이 흘러야 할 집을

'해야 할 일'을 칼같이 처리해야 인정받는 직장으로 생각한 것이다.

　사회의 논리로 보았을 때 가정은 얼마나 비효율적인 시스템으로 움직이는가. 아이는 한 번 정한 약속을 자꾸 어기고, 어제 말한 것을 오늘 또 말하게 만든다. 살림은 아무리 열심히 한다고 해도 성과가 눈에 잘 보이지 않는데다 하루 이틀 소홀하면 금방 표시가 난다. 그러니 직장에서 일하는 모드로 집에 들어서면 아이고 집안일이고 뭐 하나 제대로 돌아가지 않는 엉망진창인 상태로 보이게 되는 것이다.

집에 들어서는 순간, 회사는 잊어라

　　　　　　　　인간에겐 유전적으로 다른 사람과 친밀하게 연결되고 싶은 공감 유전자와 효율과 성취를 지향하는 성취 유전자 두 가지가 공존한다. 남자들은 성취 유전자가 발달되어 있고, 그것을 직장에서 펼치는 데 능숙하다. 여자들은 공감 유전자가 발달되어 있고 가정이나 인간관계에서 그 유전자를 자연스럽게 발휘한다. 그러나 남자든 여자든 직장에 들어가는 순간 공감 유전자보다 성취 유전자를 발휘하도록 요구받는다. 그런데 성취 유전자가 활성화된 상태에서 곧장 집에 와 직장에서 행동했던 대로 똑같이 행동하면 앞서 말한 것처럼 아이도 다치고 엄마도 다친다.

여기서 엄마들이 해야 하는 일은 집에 들어가는 순간 공감 유전자가 발휘되도록 의식적으로 on/off 스위치를 바꾸는 것이다.

나는 한동안 집에 들어가기 직전에 휴대폰을 껐다. 그리고 병원에서 있었던 일을 깡그리 잊어버리고 오로지 아이의 엄마로서만 머물렀다. 흐트러진 물건을 정리하고, 빨래며 설거지 같은 집안일을 서둘러 끝내야 한다는 생각도 하지 않았다. 우선은 아이와 눈을 맞추면서 오늘 무슨 일이 있었는지 이야기를 듣는 데 집중했고 아이의 마음에 공감해 주기 위해 애썼다.

물론 번번이 on/off 스위치를 바꾸는 것이 쉽지는 않았다. 특히 병원 일이 잘 풀리지 않아서 우울하거나 중요한 프로젝트를 성공시켜야 해서 예민해졌을 때는 기분을 조절하기가 어려웠다. 난 힘들거나 우울하면 아무 생각도 하고 싶지 않아서 잠을 자 버리는데, 그러고 난 다음 날이면 아이들이 '엄마에게 대체 무슨 일이 생긴 거지? 왜 우리한테 관심이 없지?' 하며 불안해하는 게 눈에 보였다. 그래서 직장에서 받은 스트레스를 집으로 끌어들이지 말자고 굳게 다짐했다. 어떤 때는 집 앞까지 와서도 나쁜 감정이 사라지지 않아 한참을 산책하다 들어간 적도 있다.

단 10분이라도 아이와 공감하는 시간이 필요하다

아이들이 부모에게 한 번 들은 말을 잘 기억하지 못하고 지키지 않는 것은 두뇌 발달과 연관이 있다. 계획과 실행을 담당하는 전두엽은 만 12세 무렵부터 제대로 발달하는데, 전두엽이 발달하기 전에는 그냥 기분에 따라 일을 한다고 생각하면 된다. 기분이 나빠서 하지 않는 것에 대해 책임감을 거의 느끼지 않는다는 말이다. 또는 몸이 아파서 외부의 일을 수행할 만한 에너지가 없을 수도 있다.

엄마가 바깥세상의 잣대로 아이와 집안일을 보기 시작하면 아이를 이해하려고 하지 않고 마치 심판이나 선생님처럼 아이의 행동을 '판단'하고 '정죄'하려 한다. 그러면 아이의 상태를 제대로 볼 수 없다. 아이의 기분이 어떤지 헤아리지 않고 엄마가 시킨 일을 안 한 것만 탓하며 야단치게 되는 것이다. 엄마에게 이해받지 못하는 아이는 점점 더 우울해지고 어긋날 수밖에 없다.

나는 엄마들에게 종종 이렇게 말한다. "엄마는 선생님이 아니에요. 집에 들어가서 아이를 다그치지 마세요"라고.

심판받고 검사받는 아이는 늘 두렵고 불안하다. 그러니 아이와 함께 있을 때는 아이에게 무엇을 가르쳐야 하는지, 해야 할 일을 했는지 확인하는 일 같은 것은 잠시 멈추어라. 그리고 아이와 있는 시간 그 자체를 목적으로 삼고 집중하라. 아이가 포켓몬스터 괴물 진화에 대해 말하면 잘 몰라도 고개를 끄덕이며 "와~ 정말 신기하구나" 하고 답해야 한다.

아이가 어떤 것을 보고 즐거워하는지, 어떤 것을 무서워하고 싫어하는지를 보고 있으면 이렇게 신기한 순간이 따로 없다. 때로는 내가 전혀 모르던 세상을 알려 줘서 고마운 마음이 들기도 한다. 단 10분이라도 아이를 받아들이는 모드로 있으면 아이는 엄마와 함께했다는 느낌을 받으며 만족한다. 엄마 역시 직장에서의 고단함이 아이의 맑은 기운으로 깨끗이 치유되면서 다음 날 출근할 힘을 얻을 것이다.

당신이 일하는 엄마로 살기로 작정했다면 반드시 이것을 제1의 행동 원칙으로 삼아야 한다. 당신이 머물고 있는 공간에 맞게 on/off 스위치를 바꿀 것. 지금 잘 안 된다 하더라도 그렇게 될 때까지 할 수 있는 한 훈련을 하라. 그것이 불가능하다면 일하는 엄마로 살면서 행복과 성공을 얻기는 힘들다는 것을 꼭 명심했으면 좋겠다.

일부러라도
아파 보아라

얼마 전, 육아 잡지 편집장이던 한 엄마가 자신의 육아 경험을 쓴 『엄마생활백서』라는 책에서 다음과 같은 대목을 보았다.

"일을 다시 시작하면서부터 다른 사람에게 부탁하는 것을 배우는 게 가장 힘들었다. '내가 이것을 잘 못하니 대신 해 주세요'라고 말하는 것이 나에게는 가장 큰 용기가 필요한 일이었다. 엄마가 되기 전까지는 단 한 번도 다른 사람에게 고개 숙여 부탁해 본 적이 없었다.

심지어 엄마에게 '오늘 하루만 당신의 삶을 희생해서 내 아이를 봐 주세요'라고 부탁할 때에도 용기가 필요했다. 그래서 언제나 퉁명스러운 딸이 되고 만다. '오늘 진짜 중요한 일이 있어서 그러니까 하루만 좀 부탁해요'라고 말하는 것이 쉬운 사람이었으면 좋겠다. 남편에게 '오늘은 내가 몸이 아프니까, 당신이 아이들 밥 좀 챙겨 줘'라고 말하는 것도 용기를 내지 않아도 쉽게 말할 수 있는 사람이 되었으면 좋겠다."

이 글을 읽고 마음이 짠해 왔다. 일과 가사와 육아를 혼자서 다 해결하겠다고 동분서주 애쓰는 모습, 그 고단함을 누구와도 나누지 못하고 외롭게 고군분투하는 모습이 대한민국에서 일하는 엄마로 살고 있는 우리 모두의 삶과 너무 닮아 있었기 때문이다. 아무도 그녀에게 슈퍼우먼으로 살라고 말하진 않았다지만, 일은 일대로 잘해야 하고 엄마니까 아이도 잘 키우고 살림도 너끈히 해내야 한다는 사회적 인식 앞에서 슈퍼우먼이 되어야 한다는 강박을 느끼지 않는 엄마는 없을 것이다.

그렇다고 육아에 전념하기 위해 일을 그만두기도 어려운 세상이다. 사회는 점점 엄마들이 경제활동에 동참하기를 바라고 있다. 10년 전만 해도 아내가 결혼 후 직장을 그만두고 전업으로 아이를 키우기를 바라는 남편이 많았는데 요즘은 결혼할 때부터 교사나 공무원 등 안정된 직업을 가진 배우자를 훨씬 선호하고, 능력이 되는 한 아내가 계속 일을 하기를 바라는 남편들이 많아지고 있다고 한다. 아무래도 외벌이로는 살림을 꾸려 나가기가 빠듯해진 탓도 있을 것이다.

그런데 '맞벌이'에는 환호하면서 '맞살림', '맞육아'에는 여전히 무관심한 것이 대한민국의 현실이다. 육아와 살림에 적극적으로 참여하는 남편들이 많아졌다지만 엄밀히 이야기하자면 아직 자신의 일이라고 생각하지는 않는 수준이다. 아내를 위해 '도와주는' 정도라고 보는 것이 맞을 것이다.

어떤 기업에서 기혼 여성들의 편의를 위해 직장 어린이집을 만들려고 준비하다가 남자 직원들이 막상 어린이집이 지어지면 자신이 직접 아이를 데리고 출근해야 할지도 모른다는 불안감에 호응을 하지 않아, 결국 헬스장을 만들었다는 씁쓸한 이야기도 들었다.

남녀평등을 가장 잘 이뤄 내고 있다는 스웨덴도 오랫동안 돌봄 노동이 여성만의 몫이었다고 한다. 1994년 부모의 육아 휴가 기간 중 4주를 아버지가 사용하지 않으면 아예 휴가를 쓸 수 없는 '아버지 할당제'를 만든 이후에야 돌봄 노동에 참여하는 남성 비율이 1퍼센트에서 85퍼센트로 높아졌고 부모 휴가를 이용한 비율도 7퍼센트에서 46퍼센트로 증가했다.

우리나라 역시 엄마가 일하는 것을 적극적으로 지원하는 쪽으로 법과 제도가 마련되고 있지만 아직 갈 길이 먼 것이 사실이다. 게다가 사회 분위기와 문화는 아직 '육아는 엄마가 전담해야 하는 것'이라는 인식에 머물러 있다. 이 상황에서 일과 육아 모두를 잡기 위해 엄마들이 적극적으로 해야 할 일은 '엄마가 없어도 괜찮은 시스템 만들기'다.

3~4일 집에 엄마가 없어도 괜찮아야 한다

우선 직장 일과 아이 돌보기와 살림은 당신 혼자서 절대로 해낼 수 있는 일이 아니라는 사실부터 인정해야 한다. 그런 다음 '내가 다 해내겠다'는 완벽주의를 버려라. 누군가에게 도움을 요청하는 건 무능한 것도, 부끄러운 일도 아니다. 오히려 아이에게는 엄마 외의 두세 명의 어른과 애착을 형성하는 것이 좋다.

한번은 아이가 자주 불안해하고 예민하다는 이유로 어떤 엄마가 찾아왔다. 아이에게 가족의 모습을 그림으로 그려 보라고 했더니 엄마가 침대에 누워 있는 모습을 그렸다. 이번에는 인형 가족을 주고 가족들이 무얼 하고 있는지 말해 보라고 했더니, "엄마는 침대에서 자야 돼요. 내가 자장자장 해 줘야 돼요"라고 했다.

아이가 그림과 인형 놀이로 보여 준 가족의 모습에서 불안하고 예민한 것은 아이가 아니라 엄마였다. 엄마는 너무 지쳐 있었고, 아직 다섯 살 밖에 안 된 아이가 엄마를 정서적으로 돌봐 주어야 한다고 생각하는 상황이었다.

이 엄마는 직장에 다니고 있었는데, 남편의 도움을 전혀 받지 못하고 혼자서 집안일과 육아를 책임지고 있었다. 남편은 자신은 집안일과 육아를 어떻게 해야 할지도 모르고, 자기가 굳이 나서지 않아도 문제없이 돌아가고 있다고 생각하고 있어서 함께 책임을 나눠야 한다는 필요성도 느끼지 못하는 것으로 보였다. 그러니 엄마는 모든 것을 완벽하게 해야 한다는 생각에서 벗어나지 못한 채 미친 듯이 집안일을 하고, 아이도 혼자 키우다시피 한 것이다. 결국 엄마는 과부하가 걸렸고 우울증에 빠져 버렸다.

치료가 필요한 것은 아이가 아니라 가족 시스템 그 자체였다. 엄마가 모든 것을 돌보지 않아도 알아서 잘 돌아가는 가족 시스템을 만들지 않으면 어떤 약도 소용이 없을 게 뻔했다. 나는 그 엄마에게 이렇게 말했다.

"엄마의 우울증부터 고쳐야 해요. 내가 볼 때 이건 약 복용으로 해결될 문제가 아닌 것 같네요. 가족 환경을 바꾸어야 됩니다. 이런저런 사정 따지지 말고 병가 내고 입원하세요."

아이 엄마는 한참을 말없이 고민하다가 도저히 안 되겠다며 고개를 저었다.

"제가 없으면 우리 집은 하루도 못 버틸 거예요. 남편도 저 없으면 할 줄 아는 게 없는데 어떻게 아이까지 보겠어요?"

사실 이런 엄마일수록 자신이 책임지고 있는 것들을 내려놓아 본 적이 없기 때문에 그렇게 해도 괜찮을지 굉장히 불안해한다. 그렇지만 처음이 어려워서 그렇지 가족 시스템을 한번 경험해 보면 그것이 생각보다 어렵지 않고 가족 모두의 행복을 위해 꼭 필요하다는 것을 알게 된다. 이 부부에게는 그 경험이 필요했기에 나는 의사의 권위를 내세워 엄마를 설득했다. 그리고 아빠를 불러서 해야 할 일들을 말해 주었다.

"지금 아이가 문제가 아니라 엄마가 더 문제입니다. 일주일이라도 입원을 해서 집중적으로 치료하는 게 좋겠어요. 그러려면 엄마 대신 아이를 봐 줄 사람이 필요한데, 아이도 불안한 상태라 어린이집에 보내는 건 안 되겠네요. 아빠가 엄마 입원하는 일주일 동안 휴가를 내세요."

처음엔 '원래 아내가 몸이 좀 약해요'라며 무덤덤하게 반응했던 이 남편은 내가 '입원'이라는 초강수를 두자 비로소 움찔하면서 "그 정도로 심각한가요?" 하고 문제를 진지하게 받아들이기 시작했다. 그리고 흔쾌히는 아니었지만 결국 내 뜻에 따르기로 했다.

엄마가 입원해 있는 동안 아빠는 오로지 아이만을 보기 시작했다. 아빠가 아이와 집안일을 혼자 하게 되자 그동안 무심했던 시댁에서 반찬도 해 오고 아이도 봐 주었다. 나중에 들어 보니 청소와 빨래까지는 너무 힘들어서 시간제 도우미를 불렀다고 한다.

　일주일 후 엄마가 퇴원하게 되었을 때 이 아빠는 아내에게 그동안 애 많이 썼다고, 고맙고 미안하다고 말했다. 그동안은 아내가 집안일과 육아를 모두 하는 것을 당연하게만 생각했는데 그게 얼마나 수고롭고 힘든 일인지를 실감하게 된 것이다.

　그리고 짧은 경험이었지만 엄마가 없어도 아빠가 충분히 아이를 돌보고 놀아 줄 수 있다는 것을 배웠다고 말했다. 엄마 역시 일주일이나 아이와 떨어져서 지낼 수 있을지 감히 엄두가 나지 않았는데 남편도 육아와 집안일을 충분히 할 수 있는 사람이었다는 것을 깨달아서 너무 고맙다고 말했다.

　내가 진짜 바랐던 것은 단순히 엄마에게 일주일간의 휴가를 주고 아빠가 아내의 소중함을 깨닫는 것이 아니었다. 나는 이 가족들에게 다른 대안들이 있음을 보여 주고 그 대안이 꽤 괜찮은 방법이라는 것을 직접 느끼게 해 주고 싶었다. 힘에 부치는 일을 책임감 때문에 끌어안고 스스로를 우울하게 만들지 말고 플랜 B, 플랜 C 시스템을 만들어 적극적으로 도움을 요청하기를 바랐다.

　이 가족은 일주일간의 입원으로 각자의 책임을 골고루 나누고 주변의 시댁, 도우미 등 다양한 방법으로 문제를 해결하는 방법을 배웠으니 앞으로 엄마와 아이, 아빠가 모두 행복해지는 방법을 찾기도 쉬울 것이다.

적극적으로 도움을 요청하라

만약 남편과 시댁이 너무 완고하게 '육아는 엄마만의 몫'이라는 생각을 가지고 있어서 옴짝달싹 못하는 상황이거나, 어떤 도움을 어떻게 청해야 할지 막막하다면 나는 입원까지는 아니더라도 '일부러 아파 보기'를 권한다. 하루쯤 아프다고 누워 있으면서 사람들에게 도움을 요청하는 것이다. 평소에 친정 식구들에게만 도움을 받았다면 이때만큼은 시댁에 도움을 요청해 보는 것도 좋다. 옆집 엄마가 도와줄 수 있다면 가까이에 사는 든든한 지원군을 만드는 것이고, 의외로 남편의 육아 능력을 발견하게 될 수도 있다.

나는 엄마들에게 엄마가 없을 때도 아이를 마음 놓고 맡길 수 있는 양육 시스템을 만들어 놓아야 한다고 말한다. 전업주부든, 일하는 엄마든 자신을 돌봐 줄 사람이 엄마 한 사람밖에 없으면 아이도 불안해지기 쉽다. 엄마 한 사람의 사정에 의해 아이의 환경과 정서 상태가 좌지우지되기 때문이다.

나는 휴가나 명절 때는 항상 아이들을 데리고 시댁과 친정에 찾아가 반반씩 머무르다 왔다. 나라고 우리 가족만 단란하게 휴가를 가거나 혼자서 쉬는 시간을 가지고 싶은 마음이 없었겠냐만, 내가 일하는 엄마로 살기로 마음먹은 이상 분명 아이를 키우는 데 양가의 도움이 필요할 순간이 있을 터였다.

그때 아이들을 마음 편히 양가에 맡기려면 시간 날 때마다 할머니 할아버지를 만나게 해서 유대감을 형성시키는 게 중요하다고 생각했다.

박사 논문을 쓸 때 세 돌 지난 경모를 일주일씩 맡길 생각을 할 수 있었던 것도 이런 기초 작업(?)이 되어 있었기에 가능했다. 한두 시간 잠깐의 도움이 필요한 경우에는 이웃집 엄마, 아이 친구 엄마도 도움을 요청할 수 있는 사람 중 하나다. 같이 아이를 키우고 있다는 동질감을 바탕으로 좋은 관계를 맺어 두면 미처 예상하지 못한 일이 발생했을 때 큰 도움을 받을 수 있다.

옛말에 아이를 키우는 데는 온 마을이 필요하다고 했다. 그만큼 엄마 혼자서 아이를 키우는 것은 쉽지 않고 모두가 함께 나서서 도와야 할 일이라는 것이다. 더는 엄마들이 도움받기를 주저하지 않았으면 좋겠다.

당신이 적극적으로 손을 내밀어 도움을 청하기만 한다면 생각보다 쉽게 따뜻한 손길을 만날지도 모른다. 당신은 단지 거기에 충분히 감사하고, 잊지 않으면 된다. 그리고 나중에 누군가를 도울 수 있는 순간이 왔을 때 주저하지 않으면 된다.

결코
남편을
방관자로
만들지 마라

남편. 내가 가장 사랑하는 두 아이의 아빠이자 인생의 동반자. 그러나 남편을 떠올리면 내 마음은 복잡해진다. 20여 년의 세월 동안 부부라는 이름으로 같이 살아왔지만 솔직히 내가 가장 힘들었을 때 가장 멀게 느껴졌던 사람이기 때문이다.

남편은 워낙 보수적인 경상도 집안에서 자라 부부 사이에는 '파트너십'이 있어야 한다는 개념조차 가지고 있지 않았다. 물론 육아와 집안일에도 무관심했다. 똑같이 의과대학 교수로 일하고 있는데도 남편은 12시에 들어와 곧장 서재에 들어갔고, 주말에도 연구와 일에 몰두했다. 그 사이 아이가 어떻게 자라고 있는지, 내가 일과 육아 사이에서 얼마나 고생을 하고 있는지는 눈길도 주지 않았다.

반면 나는 7시든 11시든 퇴근해서 돌아오면 언제나 아이들과 놀아 주고 밀린 집안일을 해야 했고 주말에도 아이들 때문에 공부에 집중할 수가 없었다. 아이들이 잠들었을 때에야 잠시나마 책을 펼칠 수 있었다.

한번은 가정에는 눈곱만큼도 관심이 없고 오로지 자신의 성공에만 몰두해 있는 것 같은 남편이 너무 괘씸해서 이렇게 말한 적이 있다.

"너무 이기적인 거 아니에요? 집에 일찍 들어와서 아이랑 좀 놀아 줄 수 없어요?"

남편은 오히려 나를 책망하듯 이렇게 말했다.

"내가 열심히 안 하면 우리 가족이 어떻게 살아? 내가 빨리 자리 잡아야 당신이랑 경모가 편히 살지."

남편은 가정을 위해 자신이 할 수 있는 건 열심히 일하는 것뿐이라고 생각하고 있었다. 그래서 너무 자기 일만 한다고 야속해하는 나를 오히려 이해하지 못했다. 나는 지금 나에게 필요한 것은 함께 아이를 키우는 것이라고, 아내이자 엄마로서 혼자 지고 있는 짐을 같이 나눠 줄 남편이라고 말하고 싶었지만 그의 오랜 믿음이 몇 마디 말로 바뀔 것 같진 않았다. 비록 내가 원하는 방식은 아니었지만, 그가 '우리 가족을 위해' 뭔가를 하고 있다는 것을 듣게 되자 남편의 행동을 이해해 보려는 마음이 생긴 것도 사실이었다.

그럼에도 내가 의지할 곳이 필요할 때 어깨를 대 주지 않는 남편이 순간순간 원망스럽고, 외로웠던 것은 어쩔 수 없었다. 남편과 살아온 시간은 '남편이 이렇게 해 줬으면……' 이라는 기대를 하나씩 버리며 타협해 온 시간이었다. 솔직히 고백하건대, 육아와 가사에 대한 남편과 나의 역할 분담은 일하는 엄마들이 절대 본받아서는 안 될 모델이다. 그러나 그토록 완고했던 남편도 아이를 키우는 동안 아주 조금은 달라졌다. '저 사람은 절대 바뀌지 않아' 라고 생각하며 남편을 완전히 육아에서 배제하지 않았기 때문이다.

남편을 먼저 내 편으로 만들어라

성공한 여자의 대표 모델 중 하나로 손꼽히는 페이스북의 최고운영책임자 셰릴 샌드버그는 자신의 책 『린 인』에서 다음과 같이 말했다.

"경력을 쌓고 싶어 하는 여성은 자신이 평생의 동반자를 맞이할 것인지, 그러한 동반자로 누구를 선택할 것인지 결정해야 한다. 나는 이것이야말로 경력을 쌓고 싶어 하는 여성에게 가장 중요한 결정이라 믿는다. 리더의 자리에 오른 여성에게는 아내의 경력을 전적으로 지지해 주는 남편이 반드시 존재

한다. 미혼 여성만이 정상에 오를 수 있다는 일반적인 생각과는 달리, 크게 성공한 여성 재계 리더의 대다수는 결혼한 여성이다. 「포춘」 선정 500대 기업에서 CEO로 활동하는 여성 28명 중 기혼자는 26명, 이혼 여성은 1명, 미혼 여성은 1명이었다. 이들 중에는 '아이를 돌보고 집안일을 하고 이사하는 것도 개의치 않고 도와준 남편이 없었다면 결코 성공할 수 없었을 것이다'라고 말하는 사람들이 많다."

덧붙여 그녀는 "배우자가 주는 감정적 지지와 육아 경험의 공유는 유모로 대체할 수 없다"라고도 말했다. 많은 일하는 엄마들이 아이를 키우면서 좋은 사람들의 도움을 많이 받았음에도, 채워지지 않는 외로움과 억울함을 느끼는 건 그녀가 지적한대로 '배우자가 주는 감정적 지지와 육아 경험의 공유'가 부족하기 때문일 것이다.

일하는 엄마가 행복하게 일과 육아를 병행하기 위해서 그 무엇보다 중요한 것은 남편의 태도라고 해도 과언이 아니다. 남편이 육아와 살림에 적극적으로 동참하고 아내의 일에 관심을 보이며 지지를 보내 준다면 아이가 조금 아프거나 직장에서 문제가 생겨도 상황에 맞춰서 유연하게 문제를 해결해 나갈 수 있고, 자연히 엄마가 받는 스트레스가 크지 않다. 특히 여자는 감정적으로 공감해 주고 지지해 주는 사람이 있으면 우울한 기분에 빠지더라도 금세 극복하기 때문에 남편이 그 역할을 제대로 해 주면 일과 육아 사이에서 방황하는 일 자체가 줄어든다.

만약 당신이 일하는 엄마로 살기로 마음먹었다면 가장 먼저 남편을 적극적으로 내 편으로 만들고, 서로가 하는 일을 진심으로 지지해 주는 동반자가 될 수 있도록 노력해야 한다. 물론 당신이 더할 나위 없이 훌륭한 동반자를 만났다면 그것이야말로 행운일 것이다.

그러나 만약 나의 경우처럼 '육아와 가사는 여자의 일'이라는 사고방식을 가진 동반자를 만났다면, '원래 저런 사람이라 어쩔 수 없어' 하고 쉽게 포기하지 말고 전략적으로 노력해 보길 바란다.

서툴고 무관심한 남편일수록 칭찬이 필요하다

한 연구에 따르면 남편이 아이를 돌보는 방식에 대해 일일이 잔소리하는 행동, 즉 문지기 행동(maternal gatekeeping)을 하는 아내는 남편에게 모든 것을 일임하는 방법을 선택하는 아내보다 5시간이나 많은 시간을 가사 노동에 할애한다고 하는데, 내가 꼭 그랬다. 내가 아이를 처음 키워 본 것처럼 남편도 육아가 처음이고 어색했을 것이다. 그러니 실수하더라도 남편만의 방식으로 가사와 육아를 할 수 있게끔 지켜봐 주고 격려해 주었어야 했는데 나는 그러질 못했다.

남편의 품에 있던 아이가 울음을 터뜨리면 곧바로 달려가 아이를 빼앗았고, 집안일에 서툰 남편이 물건이라도 깨서 더 귀찮은 일을 만들까 봐 청소기 돌리는 것도 잘 부탁하지 않았다. 말하지 않으면 알아서 하지 못하는 사람인데 그걸 알면서도 적극적으로 내가 원하는 것을 말하지 않았다.

내가 다시 그 시절로 돌아갈 수 있다면 남편에게도 육아를 배울 기회를 충분히 줄 것이다. 아이가 울더라도 안달하지 않고 남편에게 전적으로 맡길 것이다. 그래야 남편과 함께 경험한 일이 더 많아질 테고, 진정한 '동반자 관계'가 만들어질 테니까 말이다.

유명 페미니스트 글로리아 스타이넘은 한 인터뷰에서 이렇게 말했다고 한다. "이제 사람들은 남성이 할 수 있는 일을 여성도 할 수 있다고 생각합니다. 하지만 여성이 할 수 있는 일을 남성도 할 수 있는지는 아직 알 수 없습니다."

여성이 할 수 있는 일을 하지 못하는 남성들은 결국 중년 이후가 되면 가족들과 감정적인 교류를 하지 못한 채 소외감을 느끼는 경우가 많다. 어쩌면 엄마에게 육아에 대한 모든 책임을 전가하는 문화의 가장 큰 희생자는 아빠들일지도 모른다.

결혼은 살아온 문화와 유전자가 완전히 다른 두 존재가 삶을 공유하기로 한 약속이다. 인생의 모토를 '적응'으로 삼아온 나는 10여 년 동안 남편과 맞춰 살기 위해 여러 가지 방법을 시도해 보았다. 수많은 시도 끝에 얻어 낸 노하우가 없었더라면 아마 내 가정생활은 엄청나게 힘들었을 것이다.

절대 이해할 수 없는 남편과 공생하는 법

부부는 단 하나의 유전자도 공유하고 있지 않은 별개의 존재다. 당연히 공통점보다는 다른 점이 많을 수밖에 없다. 중요한 것은 다른 점을 무조건 자신과 똑같게 바꾸려고 하지 말아야 한다는 것이다. 억지로 바꾸려고 할수록 다른 점은 더욱 두드러져 보이고 강화될 뿐이다. 그저 상대방의 다른 유전자를 있는 그대로 존중하고 바꾸려는 욕심을 내려놓는 편이 현명하다.

다만 환경이 바뀌었을 때는 일부러라도 긍정적인 경험을 만들어 상대가 자발적으로 생각이나 행동을 바꾸게 유도할 수는 있다.

아이들과 함께 미국으로 연수를 갔을 때였다. 한국에서와 달리 주말마다 꼬박꼬박 쉬고, 만날 친구도 없었던 남편은 자연스럽게 아이들과 함께 시간을 보낼 일이 많아졌다. 나는 남는 시간을 어떻게 보낼지 아직 결정하지 못한 남편에게 슬쩍 아이들을 안겼다. 그렇게 그는 자의 반 타의 반 아빠 노릇을 하게 됐다. 공부를 가르치는 것은 물론이고 밥을 먹이고 함께 목욕을 하면서 아이들과 보내는 시간이 많아졌다. 그리고 아이가 웃는 얼굴로 걸어와 안길 때 느끼는 행복을 경험한 뒤로 남편은 조금씩 육아에 책임감을 느끼기 시작했다.

한국에 돌아와서 다시 바쁜 생활로 돌아가긴 했지만 예전처럼 아이들을 나 몰라라 하지 않았고 주말만큼은 아이들과 함께 놀아 주기 위해 애썼다. 나 역시 아이들이 아빠와 있는 시간을 즐거워하고 행복해하니 그동안 남편에게 서운했던 감정이 많이 누그러졌다. 서로의 유전자를 존중하되, 가족이 함께 행복해지기 위해 끊임없이 노력하고 변화하는 것. 이것이 결혼이 주는 인생의 성장이 아닐까.

나는 직장과 가정, 둘 다를 가지고 싶은 일하는 엄마들이 남편을 포기하지 말고 현명하게 동반자로 만들 수 있기를 정말 간절히 바란다. 나처럼 삶의 방법을 서로 존중하는 선에서 끝나지 말고 공동의 몫인 육아와 가사를 기꺼이 분담하고, 서로가 각자의 일을 존중하고 이해하며 지지하고, 삶을 마감할 때 '우리는 서로를 전적으로 이해하고 받아들였다'고 말할 수 있는 사이가 되는 것. 그것이야말로 가족 모두가 행복해지고,

일하는 엄마를 진정으로 존중하는 사회를 만들기 위한 길이
라고 믿는다.

시댁과
친정에서
마음으로부터
독립하라

　　일하는 엄마에게 시댁과 친정은 고맙기도 하고 힘들기도 한 대상이다. 아이를 맡길 때는 양가 어르신만큼 편한 곳이 없지만, 결혼이라는 과정을 거쳐 한 가정을 책임지는 성인으로 독립한 남녀가 여전히 '자식'으로 머물게 되는 부담을 감수해야 한다.

　　물론 우리는 성인이 된 이후에도 여전히 자식이다. 그러나 결혼을 해 독립하고 난 뒤 자식으로서의 역할은 예전과 달라져야 한다. 시댁과 친정에는 자식이되, 아이에게는 당당하고 독립적인 부모로서 존재하려면 지혜를 발휘해 중심을 잡아야 한다. 그렇지 않으면 그 피해는 고스란히 아이에게 돌아갈 수밖에 없다.

효도보다 아이와의 애착이 먼저다

유치원에 다니는 아이가 엄마와 떨어지지 않으려 하고 낯선 환경에 가는 걸 극도로 두려워해서 찾아온 엄마가 있었다. 유치원에서 돌아오면 아이를 돌보는 도우미가 있었고, 엄마도 출퇴근 시간이 확실한 직장에 다니고 있어서 일하는 엄마를 둔 아이치고 환경 자체가 나쁜 편은 아니었다. 엄마도 우울하거나 피곤한 기색 없이 아이에게 잘 맞춰 주었고, 아빠도 집안일을 도우려고 애쓰는 편이었다.

문제는 시댁에 있었다. 시아버지가 손자를 너무 보고 싶어 해서 아들 내외와 손자가 매주 주말마다 시댁에 찾아간다고 했다. 할아버지 입장에서는 맛있는 밥도 함께 먹고 대가족이 어울려 화목하게 보내니 며느리에게도 아이에게도 좋은 시간이라고 생각했을 것이다. 아이도 겉으로 보기에는 할아버지 집에서 즐겁게 지내는 것 같았다. 그러나 그렇게 보내는 주말이 오랫동안 반복되자 아이로서는 엄마를 온전히 차지하는 시간을 빼앗기는 셈이 되어 버렸다.

이 아이는 엄마하고만 지내는 시간이 절대적으로 부족했고 결국 분리 불안 행동을 보이기 시작한 것이다. 아이 엄마에게 당분간 시댁에 가지 말고 주말을 온전히 아이와 지내라고 했다. 그러자 그 엄마는 "저희가 그렇게 말하면 시아버지가 엄청나게 화를 내실 거예요"라며 아주 난감해했다. 나는 시아버지를 병원으로 오시라 해서 직접 말씀드렸다.

"어르신, 손자가 너무 예쁘시죠? 그 마음 잘 압니다. 하지만 지금 이 아이는 다른 아이와는 달리 기질이 예민하게 타고난 아이입니다. 이런 경우 엄마의 손길이 다른 아이보다 두 배는 더 필요합니다. 주말 동안만이라도 엄마와 하루 종일 있는 시간을 가지면 금방 좋아질 테니, 손자가 보고 싶으시더라도 당분간 할아버지 집에 가지 않는 것이 좋겠습니다."

아이 엄마 아빠의 예상대로 할아버지는 '그런 논리가 어디 있느냐', '나 때문에 애가 그렇다는 얘기냐', '난 절대로 허락할 수 없다'고 화를 냈다. 난 가만히 보고 있다가 "아이가 나아지는 걸 원하지 않으시나요? 제게 치료를 받는 한 아이는 주말에 반드시 집에서 엄마와 시간을 보내야 합니다. 딱 1년만 기다리시면 됩니다" 하고 단호히 말했다.

할아버지는 몹시 화를 내며 진료실 문을 쾅 닫고 나갔다. 결국 그 아이와 엄마는 다시 진료실을 찾아오지 않았다. 정말 안타까운 일이었지만 이런 경우라면 나로서도 도와줄 방법이 없다. 아이가 어릴수록 환경이 바뀌지 않으면 백 가지 약이 무효하기 때문이다.

결혼을 한 부부가 부모가 되기 전에 반드시 겪어야 할 성장통은 바로 '원부모와 거리 두기'다. 옛집을 떠나 새로운 집을 마련한 두 남녀는 '며느리', '사위'라는 새로운 역할을 맡게 되는데, 이와 더불어 기존의 역할에도 조정이 필요하다. 이때 부부가 어떻게 하느냐에 따라서 서로 도움을 주는 관계가 만들어질 수도 있고, 독이 되는 관계가 만들어질 수도 있다.

한번은 미국에 있을 때 알고 지내던 분이 고민을 상담해 왔다. 미국에서 나고 자란 딸이 한국 청년과 결혼을 하는데, 시댁에서 하와이로 가는 신혼여행 비용을 다 대겠다고 한 모양이었다. 그런데 딸이 그 선물을 받을지 말지 몹시 고민하고 있다는 것이다. 신랑 될 청년은 그게 고민할 일이냐며 부모님께서 그 정도는 해 줄 수 있는 능력이 되시니 고맙게 받자고 말했다고 한다. 하지만 이 아가씨는 "우리를 지금까지 키워서 결혼하게 해 준 것만으로도 부모님은 역할을 다 하신 건데, 그걸 받으면 나는 무언가를 해 드려야 할 것 같은 책임감이 든다. 그건 어른으로서 당연하다. 나는 굳이 그런 신세를 지고 싶지 않다"면서 극구 그 선물을 거부(?)하는 바람에 예비 신랑과 갈등이 생겼던 것이다.

사실 우리가 결혼을 하고 진정한 성인으로 독립해 있다면 이 예비 신부처럼 부모님의 제안을 덥석 받는 걸 고민해야 마땅하다. 나는 예비 신랑에게 진정한 어른이 되어 행복한 가정을 꾸리고 싶다면 신부의 뜻에 따르는 것이 좋겠다고 조언했다. 왠지 불효하는 것 같아 마음이 무겁겠지만 결국 원부모와

거리 두기를 잘 해내야 새로운 가정과 역할에 빨리 적응할 수
있기 때문이다.

50점짜리 며느리로 살아라

며느리에게 시댁은 자신의 본모습
을 가감 없이 보여 주는 곳이라기보다 일방적으로 '적응'해
야 할 곳이다. 실제로 많은 여성들이 결혼하면 '착한 며느리'
가 되고 싶다고 생각하며 그렇게 되기 위해 노력한다. 그래서
시댁이 기대하는 것이 '100'이고 내가 가진 것 '50'이라면
"제가 가진 건 50이에요"라고 말하는 대신 어떻게 해서라도
부족한 '50'을 채우려고 노력한다.

문제는 며느리가 있는 힘을 다해 간신히 이루어 내는 것이
100 정도인데, 시댁에서는 그것이 며느리의 보통 수준이라고
생각한다는 데 있다. 그래서 시댁에서 조금만 더 힘든 요구를
하면 며느리는 '더 이상은 못해' 하며 포기해 버리고 시댁에
서는 '애가 갑자기 왜 이러나' 하며 이해를 못하는 경우가 적
지 않다. 착한 며느리가 되기 위해 자신의 모습을 포장하고
무조건 순응하려고 하는 데서 괴리감이 생기는 것이다.

나는 시댁과의 갈등 때문에 병원에 오는 엄마들에게 가장
먼저 착한 며느리가 되려고 하지는 않았는지 돌아보라고 말

한다. 초보 며느리가 잊기 쉬운 사실은 시댁 역시 새로운 식구에게 적응 중이라는 것이다. 본인이 어떤 모습을 보여 주느냐에 따라 시댁도 '우리 며느리는 이런 사람'이라는 기대를 갖게 된다.

솔직히 나는 일하는 엄마들이 착한 며느리로 인정을 받는 것은 좀 내려놓기를 권한다. 일하는 엄마들은 직장-남편-아이의 삼각 꼭짓점을 도는 것도 버겁다. 거기다가 시댁이라는 꼭짓점을 추가한다면 얻는 것보다 잃는 것이 많아진다. 만약지금 며느리로서의 역할이 부각되어 할 일이 많고, 그 때문에 특히 아이와의 관계에서 잃는 것이 있다면 아이를 핑계로 이미 설정된 역할을 조정하는 것이 필요하다.

아이가 공부를 더 해야 한다거나, 직장에 바쁜 일이 생겼다거나 하는 이유로 시댁에 거리를 두고 아이에게 좀 더 집중하는 지혜를 발휘해야 한다. 무조건 착한 며느리가 되지 말라는 것이 아니라 그랬을 때 잃는 것은 없는지, 내가 진짜 원하는 것이 아닌데 억지로 하는 것은 아닌지를 점검하라는 것이다.

친정으로부터 독립하라

어떤 엄마들에게는 시댁보다 더 어려운 게 친정과의 관계일 수 있다. 특히 친정어머니와 30년 가까이 쌓아 온 끈끈한 관계를 일순간에 끊어 내고 독립적인 어른으로 만나기는 참으로 어렵다.

어떤 친정어머니는 자신의 못다 이룬 꿈을 딸을 통해 성취하고 싶어서 결혼한 뒤에도 계속 일을 하기를 바란다. 그래서 정작 딸은 일을 줄이고 육아의 즐거움을 느끼고 싶은데도 친정어머니 때문에 울며 겨자 먹기로 직장 생활을 이어가는 경우도 있다. 또 어떤 친정어머니는 딸이 일에서도 성공하고 사위나 시댁에도 완벽하게 잘하길 바라면서도 딸의 고통에는 공감을 해 주지 않는다. 그런가 하면 딸이 직장에서 잘나가는 것에 질투를 품고 '그렇게 일해서 얼마나 잘나가려 하느냐'는 비딱한 태도로 아이 봐 주기를 거부하는 엄마도 있다.

당신이 친정어머니와 감정적으로 어떤 관계를 맺고 있든, 아이를 친정에 맡기는 경우 친정어머니와 얽히게 될 감정적인 소용돌이를 감수해야 한다. 실제로 내 진료실에 왔던 한 엄마는 친정어머니에게 억울함과 원망, 해소하지 못한 기대가 있었는데 자신의 아이를 돌보는 친정어머니를 볼 때마다 어릴 적 상처가 떠올라 괴로워했다.

우리 엄마는 나에 대한 기대도 많고, 시댁에도 최선을 다하길 바라면서 아이에 대해서는 불안과 걱정이 몹시 많으셨기 때문에 아이를 맡길 생각을 하지 않았다. 나중에 둘째를 낳으면서 차차 엄마의 고통을 이해하고 감정적으로 엄마를 받아들일 수 있게 된 뒤에야 조금씩 도움을 받았지만, 처음에는 아무리 힘들어도 엄마에게 아이를 맡기지는 않겠다고 단단히 결심했다. 몸이 힘든 것은 구체적인 방법만을 찾으면 되겠지만 엄마가 아이에게 전할지도 모르는 불안과 걱정, 그리고 내가 경험하게 될 감정적 혼란이 뻔히 보였기 때문이다. 그런데 나 혼자 육아를 담당하면서 오히려 엄마를 이해하게 됐으니, 어쩌면 결혼 초반에 거리를 두고 마음속으로 독립선언을 한 것이 여러모로 약이 되었던 것 같다.

난 시댁과 친정 사이에서 아슬아슬한 감정적 줄타기를 하고 있는 대한민국의 모든 일하는 엄마들이 '지금 내가 어른으로서 부모님과 어떤 관계를 만들어 가고 있는가?'라는 질문에 한번 진지하게 답해 보길 바란다. 만약 심리적인 독립을 하지 못했다면 당신은 일, 육아, 집안일뿐만 아니라 상처받은 어린 시절의 자신과도 힘든 줄다리기를 벌여야 할 것이다.

직장에서는
철저히
직장의 룰에
따라라

대학 졸업을 앞둔 조카에게 '취업할 때 최고의
스펙은 남자'라는 말을 들었다. 명문 대학의 여학생 비율은
50퍼센트가 넘는다지만, 대기업의 여성 신입 사원 비율은 10
퍼센트를 넘지 않는 게 현실이란다. 조카는 물었다. "일하는
여자로 성공하려면 어떻게 해야 해?" 내가 해 줄 수 있는 대
답은 하나였다.

"직장이 진짜 전쟁터라는 걸 아는 것부터 시작하면 돼."

직장이라는 정글의 법칙

전쟁터에서는 살아남는 것이 가장 중

요한 목표가 된다. 놀랍게도 직장 역시 마찬가지다. 직장은 꿈을 실현하게 도와주는 학교가 아니다. 경쟁하고 살아남아야 하는 정글에 가깝다. 결국 강한 사람이 살아남고, 강해지려고 노력하는 사람이 힘을 가진다. 그리고 바로 이것이 회사가 여자보다 남자를 선호하는 이유다.

직장은 인간이라는 종(種)이 수만 년 동안 생존을 걸고 사투를 벌였던 사냥터의 현대 버전이라고 봐도 무방하다. 겉으로는 합리적인 것처럼 보여도 한 꺼풀만 벗겨 보면 아직도 수직적인 서열 문화가 건재하고, 좋은 방안을 찾기 위해 서로 의논하는 게 아니라 자신이 돋보이기 위해, 더 많은 권력을 차지하기 위해 경쟁을 벌인다. 그리고 그 판에서 함께 춤추지 않는 사람은 가차 없이 도태된다. 직장에서는 누가 이익을 많이 냈느냐, 이익을 내는 데 얼마나 기여했느냐에 따라 권력과 돈이 배분되기 때문이다.

수만 년 동안 사냥꾼으로 길들여진 남자들은 유전적으로 이런 문화에 익숙하다. 하지만 여자들은 다르다. 여자들은 수직적인 서열 관계가 아니라 수평적인 친밀한 관계를 맺는 경향이 있고, 결과의 좋고 나쁨보다는 일하는 과정 속에서 얼마나 질적인 성장을 했는지를 더 중요하게 생각하는 경향이 있다. 그래서 강압적인 서열 문화와 부딪히면 쉽게 적응하지 못하고 불편함을 느낀다. 또한 여성들이 가진 공감과 친밀함의 유전자는 직장이 요구하는 '효율'이라는 잣대에 의해 평가절하되기 쉽다. 공감과 친밀함은 빠른 성과를 내는 데 직접적으로 관련이 없기 때문이다. 게다가 임신, 출산, 육아 때문에 배려해 줄 일이 더 많은 여자라는 존재는 '일만 열심히 하겠습니다'라는 눈빛으로 무장한 남자 직원에 비해 경쟁력이 떨어지는 것처럼 생각되는 것이 현실이다.

직장에서 여자로 살지 마라

나는 냉정하고 때로는 비정하기까지 한 직장이라는 조직에서 여성이 살아남기 위해서는 '여성'으로 존재하지 않아야 한다고 생각한다. 여성성을 무기로 능력을 펼치고 똑똑하게 다른 사람의 배려를 받는 방법도 물론 많을 것이다. 상황에 따라서는 그게 현명한 대처일 수도 있고 나 역시 가끔은 그럴 필요도 있다고 생각한다. 하지만 직장에서 여성으로만 자리매김해 버리면 분명 그 때문에 한계도 맞닥뜨리게 된다.

지금은 여학생들이 많아졌지만 내가 학교에 있을 때만 해도 여학생은 전체 의과대학에서 몇 명 되지 않았다. 가만히 있어도 여자라는 이유로 눈에 띄는 곳이 학교였고, 병원이었다. 나도 그게 영 싫었지만 나를 어색하고 불편해하는 건 남자들도 마찬가지였다. 나를 여자라는 다른 대상으로 대해야 할지, 같은 동료로 대해야 할지 몰라 갈팡질팡하는 게 느껴질 정도였다.

의과대학 모임에서 남자들은 철저하게 학번 순으로 자리에 앉는다. 그때 내가 들어가면 모두가 약간 당황해하며 '학번에 따라 앉혀야 하나, 여자니까 교수님 옆에 앉혀야 하나' 하고 고민하는 게 눈에 보였다. 지금은 '여자니까 교수님 옆에'라는 식으로 말도 안 되는 차별을 하는 사람이 없을 것이다. 하지만 그때는 그랬다. 마치 정장을 차려 입은 귀족들 앞에 누더기 옷을 걸치고 나타난 거지가 된 것처럼 뭔가 위축되고 오면 안 될 곳에 온 것 같았다. 하지만 그럴수록 나는 오히려 당당하게 선수를 쳤다. 그들이 잠시 머뭇거릴 동안 "아, 저는 83학번입니다" 하고 학번에 따라 자리에 앉았고, 그런 행동을 통해 나를 여자가 아닌 똑같은 동료로 대우해 달라고 암묵적으로 말했다.

내가 여자라는 이유로 부당한 대우를 받을 때도 모른 척 내버려 두지 않았다. 나는 적극적으로 항변했다. 그리고 일로써 그들을 압도하기 위해 노력했다.

내가 불성실하다는 연판장을 돌려 사람들이 나를 밀어내려 했을 때도 내가 내세웠던 건 '아이까지 키우며 얼마나 힘들게 일하고 있는지'를 호소하는 게 아니었다. '같은 동료인데 어떻게 내게 이럴 수 있어?'라며 배신감에 허우적대지도 않았다. 감정적으로는 상처도 받고 허탈했지만 현실을 받아들였다. 그 대신 내가 노력해서 이룬, 그들보다 월등히 앞선 실적을 있는 그대로 보여 주었다.

정당하지 못한 혜택을 받을 때도 정중히 거절했다. 내가 배려를 받아야 하는 상황이 생겼을 때는 그만큼의 패널티를 함께 받았다. 여자라서, 일하는 엄마라서, 힘들고 어려운 일에서 빼 주겠다는 것은 좋은 기회가 있을 때 '너는 최선을 다할 수 없을 테니까 양보해'라는 식으로 얼마든지 바뀔 수 있다는 것을 알고 있었기 때문이다.

500년 이상 전해 내려온 남성 중심 사회가 내 살아생전에 평등하게 바뀌리라고 기대하는 것 자체가 욕심인지 모른다. 변혁을 자기 삶의 사명으로 여기지 않는 이상 그것을 통째로 바꾸려 하다가는 개인의 삶이 희생되기 쉽다. 나는 지금 우리가 할 수 있고 해야 하는 것은 자신이 속한 조직 안에서 능력으로 인정받는 것이라고 생각한다.

'아이 키우며 회사 다니는 게 얼마나 힘든데 이 정도는 배려해 주겠지' 하는 생각으로 시작하기 전부터 도움을 기대하고 덜 노력했던 적은 없는지 생각해 보길 바란다. 여자로서, 일하는 엄마로서 회사에 존재하려는 순간 우리가 할 수 있는 일은 점점 줄어들 것이다.

Chapter 3

세상을 내 편으로 만드는
6단계 자기 혁명

누구나 자기가 가지고 있는 틀에 안주하고 싶어 한다.

그러나 우리의 인생은 언제나

새로운 도전 거리를 던져 준다.

그 도전 앞에서 가지고 있던 틀을 깨고

더 큰 용량의 그릇으로 성장하지 않으면

일도 아이도 제대로 굴러가지 않는다.

모든
일에서
A를 받으려고
하지 마라

– 우선순위 매기기

"모든 일을 혼자서 다 할 수는 없다. 풀타임 직업을 두 개 가진 사람은 없다. 완벽한 자녀를 둔 사람은 없다. 슈퍼우먼은 여성운동의 적이다."

–글로리아 스타이넘(여성학자)

"무엇이 중요하고 무엇이 중요하지 않은지 결정해야 했고, 중요한 것에서만 완벽주의자가 되는 법을 배웠어요. 중요하지 않은 사소한 일에 집착할 이유는 없어요. 집에 도착했을 때 다림질이나 옷장 정리에 대해 걱정하지 않았죠."

–로리 글림처(웨일 코넬 의과대학 학장)

"사회적 경력과 어머니 역할을 병행하려고 노력하는 여성이 걱정스럽다. 그들은 집에서도 직장에서도 완벽을 추구하므로 그만큼 낙담할 위험성이 크기 때문이다. 높은 이상에 도달하지 못하면 직장에서 집으로, 아니면 집에서 직장으로 도피할 가능성이 크다." -제니퍼 스튜어트의 예일대 졸업생을 대상으로 한 연구에서

"지저분하겠지만 지저분한 환경을 받아들이세요. 복잡하겠지만 복잡함을 즐기세요. 평소에 그러리라 생각한 것과는 전혀 다르겠지만 예기치 않게 맞이하는 상황이 반가울 수도 있습니다. 겁내지 마세요. 마음은 언제든 바꿀 수 있습니다. 제 말을 믿으세요. 직업을 네 번이나 바꾸었고 남편도 세 명이나 겪어 봐서 잘 압니다."
-노라 에프론(영화감독)

일하는 엄마들의 멘토로 알려진 사람들이 후배 여성들에게 주는 한결같은 조언이 바로 '모든 일에서 A를 받으려 하지 말라'는 것이다. 이 이야기는 일하는 엄마로 성공한 사람 역시 '슈퍼우먼 신드롬'에 한 번쯤 빠져 보았다는 말이기도 하다.

슈퍼우먼 신드롬은 집안일, 아이 키우기, 직장 일, 가족 관계 그 모든 것을 최고 수준으로 해내려다 결국 지쳐 버리는 현상을 말한다. 특히 일하는 엄마들 중에는 '뛰어난 능력'을 자신의 최대 강점으로 삼고 살아온 사람들이 많아서 자기도 모르게 슈퍼우먼이 되려는 마음을 갖게 된다.

나 역시 그런 함정에 빠지지 않기 위해 해야 할 일을 죽 적어 놓고 우선순위를 매기는 작업을 수시로 했다. 우선순위를 매기는 이유는 일을 더 잘하기 위해서가 아니라 '어떤 일을 내가 안 해도 되는가'를 결정하기 위해서다. 우리는 모든 일을 잘해야 한다고 어렸을 때부터 세뇌(?)당했기 때문에 여간 해서는 일을 놓기가 힘들다. 해야 할 일 10개를 적어 놓고 보면 어떻게든 더 노력하면 조금씩이라도 할 수 있을 것 같은 생각이 들기도 한다. 그러나 그렇게 되면 죽도 밥도 안 되게 되어 있다. 인간의 에너지는 한계가 있기 때문이다. 전업주부도 가사와 육아를 100퍼센트 완벽하게 잘하기는 어렵다. 거기다가 일까지 A급으로 잘하려고 한다면 그거야말로 자신의 능력과 현실을 바로 보지 못하고 있다는 증거다.

해야 할 일이 10개가 있다면 내가 중요하게 여기는 인생 가치와 맞아떨어지는 1, 2, 3순위를 제외하고 나머지는 과감히 버려야 한다. 그래야 중요한 세 가지를 지켜 나갈 수 있다. 만약 에너지가 조금 남는다면 4, 5순위까지는 보통 수준으로 해내는 것을 고려해 볼 수 있다. 하지만 나머지 순위들은 에너지가 남더라도 돌아보면 안 된다. 오히려 그 에너지를 1~3순위에 쏟는 것이 장기적으로 유리하다. 중요한 것에 집중적으로 에너지를 투입해 확실한 강점을 하나라도 확보하면 그 강점의 힘으로 나머지 부족한 부분을 메울 수 있기 때문이다.

내가 연구를 포기한 이유

                내게 언제나 1순위는 아이들이었다. 물론 아이들만큼 일도 중요했지만 지난 20년 간 아이들이 1순위가 아닌 적은 단 한 번도 없다. 만약 내 일 때문에 아이들이 채워지지 않는 결핍감을 느끼고 있고, 내가 일을 그만두는 것 외에는 문제를 해결할 방법이 없다고 판단했다면 난 가차 없이 일을 그만두었을 것이다. 1순위가 내 인생에서 가장 중요한 것이었기 때문에 항상 다음 순위를 정할 때는 1순위에 피해가 가지 않는 쪽으로 결정했다.

  2순위는 병원 업무 중 진료였다. 대학 병원에서 교수가 하는 일은 진료, 연구, 교육, 보직 등으로 나누어지는데 이 중에서 고과로 인정받는 것은 진료와 연구다. 진료는 환자를 진찰하여 병원 수익을 올리는 부분이고, 연구는 과학자로서 실험하고 공부하여 발견한 사실을 논문으로 쓰는 일이다. 교육은 대학교수로서 학생들을 가르치는 일인데, 대학 병원에 있다면 누구나 당연히 맡아야 하는 기본적인 업무이므로 선택할 수 있는 부분이 아니었다. 그리고 진료와 연구 부분에서 탁월하면 병원이라는 조직에서 각종 보직을 맡고 소위 권력을 얻을 수 있게 된다. 나로선 보직은 꿈에도 못 꿀 일이고 나머지 3개만으로도 벅찬 게 현실이었다.

  결국 나는 연구 부분을 좀 내려놓기로 결정했다. 연구는 일과 시간에만 열심히 한다고 성과가 나오는 일이 아니다. 실험을 하려면 아침 7시에 출근해서 먼저 실험을 시작해야 하고, 맡은 업무를 끝낸 뒤에도 남아 계속 연구를 해야 한다. 밤 10시 이전에 퇴근은 엄두도 못 낸다. 그리고 이런 연구를 바탕으로 좋은 논문을 쓰려면 24시간 거기에 생각이 붙잡혀 있어야 했다. 아직 어린 아이들을 두고 그렇게까지 시간을 낼 수는 없었다. 거기다 경모는 특별한 돌봄이 필요한 아이가 아닌가.

처음에는 연구에서 B, C급으로 분류되는 것이 못내 가슴 아프고 자존심이 상했다. 평생 공부라면 남에게 뒤지지 않았고, 새로운 아이디어도 많았던 나였다. 하지만 아이들과 바꿀 수는 없었다. 연구에서 내 욕심껏 성취할 수 없던 부분은 내가 치러야 할 비용으로 감수하기로 했다. 비록 연구에서는 좋은 평가를 받지 못해도 그걸 나의 무능력으로 받아들이지 않고 대신 진료와 교육에 있어서는 누구보다 좋은 성과를 내기 위해 최선을 다해 노력했다. 아침에 출근하는 순간부터 퇴근하기 직전까지 숨 한번 제대로 쉬지도 않고 열심히 환자들을 만났고, 정성껏 치료했다. 그래서 병원에서 환자를 많이 본 의사 중 한 명이 될 수 있었고, 결과적으로 소아정신과 분야에서 전문가로 인정받을 수 있었다. 만약 내가 진료, 연구, 교육 모두를 잘하기 위해 애를 썼다면 이렇게까지 인정받는 의사가 되지 못했을 것이다.

그때그때 필요에 따라 우선순위를 바꾸기도 했다. 박사 학위를 받을 때, 약 한 달 정도는 '논문 쓰기'를 1순위로 두었다. 다른 믿을 만한 양육자가 있다면 한 달 정도 엄마가 아이에게 소홀한 것은 나중에 얼마든지 만회할 수 있지만 학위는 시기를 놓치면 딸 수 없는 것이고, 경력에 결정적인 영향을 미치기 때문이었다. 그리고 논문 쓰기가 끝난 뒤에는 다시 아이들을 1순위로 두고 그동안 신경 쓰지 못했던 부분을 보충하는 데 집중했다.

아이가 어리다면 돈의 우선순위를 조정하라

우선순위를 정할 때 꼭 짚고 넘어가야 할 것이 '돈'에 대한 것이다. 사실 사람들이 일하는 가장 1차적인 목적은 경제적인 풍요를 원해서다. 엄마가 일하지 않으면 당장 가족의 생계를 걱정해야 하는 경우도 있다. 그런 경우라면 돈의 우선순위가 높을 수밖에 없겠지만, 아이가 어려서 양육비가 많이 드는 시기에는 돈을 모으는 데 집중하지 않는 것이 낫다. 월급을 몽땅 쏟아붓더라도 아이가 주 양육자와 충분히 애착을 쌓을 수 있는 환경을 만드는 데 주력해야 한다는 말이다.

사실 엄마가 직장에 다니는 동안 아이를 봐 주는 도우미 비용이 만만치 않게 들어가다 보니 엄마가 돈을 벌어 오는 게 아무 의미가 없는 것처럼 느껴지기도 할 것이다. 그러나 여기에 돈을 아끼는 것은 아이의 안정적인 발달에 좋지 않다. 아이가 어느 정도 크면 양육비를 적절하게 조정할 수 있게 되니까 아이가 어릴 때는 경력이 단절되지 않는 것에 만족하고 저축에는 조급해하지 마라.

특히 예민한 아이가 엄마 그늘에서 안전하게 자라지 못하여 불안이 커지거나, ADHD와 같은 병이 있어 학교생활에 어려움을 겪고 있는 경우라면 아이의 치료에 전적으로 집중해야 한다. 그 당시의 치료비가 얼마가 나오든 몇 년 후 치료 시기를 놓친 아이를 바로잡기 위해 들어가는 비용보다는 작을 것이기 때문이다.

즉 어린 아이를 둔 일하는 엄마들은 일을 해서 많은 돈을 벌겠다는 목표를 갖는 것보다는 자신의 성취와 발전을 위해서 일을 하고, 번 돈으로 아이가 결핍감을 느끼지 않도록 다양한 방법을 모색하는 데 투자하는 것이 현명하다.

우선순위를 정하는 것은 현실을 정확하게 인식하여 자신이 하고 싶은 일과 할 수 있는 일을 정하는 일이다. 이런 과정에서 나는 동기(motivation)와 한계(limitation)를 정확하게 구분하는 안목이 생겼다. 많은 사람들이 슈퍼우먼이 되려고 하다

지치는 이유는 우리 사회가 과정을 즐기기보다는 '완벽하게 이루어야 한다'는 생각에 사로잡혀 있어서 그런 것 같다. 하지만 모두 할 수 있을 것 같다는 생각은 망상일 뿐이고 모든 걸 잘하는 것은 불가능하다.

성숙해지는 것은 자신의 한계를 파악하는 일이기도 하다. 어린 나이에는 하고 싶은 일이 있다면 온 힘을 다해 그것을 해내는 것이 미덕이다. 그러나 그것이 어디 다 성공으로 이어지던가. 우리는 나이가 들면서 온 힘을 다해도 실패할 수 있다는 것, 그 실패를 통해 자신의 한계를 배울 수 있다면 그것도 인생의 지혜라는 것을 배워 간다.

원하는 것이라고, 노력하면 다 된다고 무조건 그쪽으로 달려가지 말고 자신에게 주어진 능력과 상황을 보고 무엇을 지키고 무엇을 포기해서 성공을 이룰 것인지 세심하게 살펴라. 그것이 바로 일하는 엄마가 삶과 경력에서 균형을 잡기 위해 꼭 갖춰야 할 능력이다.

너무
앞서서
걱정하지
마라
- 불안 다루기

'불안'은 우리 시대 엄마들의 특징을 한마디로 정리할 수 있는 키워드다. 일하는 엄마나 전업주부나 아이를 잘 키우는 일은 엄마의 내면에서 올라오는 불안을 어떻게 다룰 것인가 하는 데 달려 있다고 해도 과언이 아니다. 생물학적으로 모든 부모들의 1차적인 목표는 아이를 안전하게 살아남게 하는 데 있는데, 아이를 키우는 일은 '예기치 않은 일(unexpected event)'의 연속이기 때문이다.

한 연구진이 엄마 노릇을 하는 데 '예측 가능성'이 어떤 영향을 주는지 알아보기 위한 실험을 했다. 음식이 풍족한 환경, 음식이 부족한 환경, 그리고 어느 날은 음식이 풍족했다가 어느 날은 음식이 부족한 환경 등 세 가지의 환경을 마련해 놓고 각각 어미 원숭이와 새끼들이 지내도록 했다. 얼마간의 시간이 지난 뒤에 관찰해 보니 음식이 풍부한 환경에서 어미들은 새끼들을 잘 보살폈다. 음식이 부족한 환경에 있었던 어미 역시 새끼들을 음식이 풍부한 환경에 있던 어미 못지않게 잘 보살폈다. 그러나 음식이 풍부했다가 부족했던 환경에 놓인 어미는 새끼를 제대로 보살피지 않았을 뿐 아니라 새끼를 공격하고 학대했다. 또한 이 예측 불가능한 환경에 놓였던 어미와 새끼들은 다른 집단의 원숭이에 비해 스트레스 호르몬 수치가 높고 '모성 호르몬'이라고 불리는 옥시토신 수치는 낮은 것으로 나타났다.

인간 역시 예측 불가능한 환경에 지속적으로 노출되면 바깥 환경을 두려워하며 소심해지고 위축된다. 아이들은 엄마의 양육 행동에 직접적으로 영향을 받기 때문에 덩달아 우울증 증세를 보이고 엄마에게 과도하게 달라붙어 떨어지지 않으려 하는 불안정 애착 증세를 보인다. 따라서 환경을 예측 가능하도록 구성하는 것은 아이를 잘 키우기 위한 필수 요건이다.

하지만 예측 가능한 환경을 만드는 일이 어디 말처럼 쉬운가. 특히 과열된 경쟁으로 언제 낙오할지 모른다는 불안감이 팽배한 현대 사회에서 말이다. 엄마들은 아이가 건강하게 잘 자라기를 바라는 한편으로 성적이 떨어지면 어쩌나, 학교에서 따돌림당하면 어쩌나, 커서 밥벌이를 못하면 어쩌나 하는 걱정들을 매일 달고 산다.

이러한 불안은 엄마들이 아이를 더 세심하게 살피고, 책임감 있는 양육 행동을 하게 만드는 원동력이 되기도 한다. 건널목을 건널 때 차를 조심하게 하고, 골고루 밥을 잘 먹게 하고, 공부를 시키고, 각종 폭력으로부터 아이를 지키기 위해 최선을 다한다. 이러한 행동이 그 자체로 문제될 것은 없다. 문제는 불안에 빠져 일상이 걱정으로만 채워지게 되는 상황이다.

막연한 불안과 걱정에서 벗어나는 법

한 가족이 스키 여행을 떠났다. 모처럼 가족끼리 즐거운 시간을 보냈는데, 그만 아이가 스키를 타다가 사고가 났다. 아이는 두 달 정도 깁스를 하고 치료한 뒤 다시 이전처럼 건강해졌다. 그런데 이 엄마는 다시는 아이를 데리고 스키장에 가지 않았다. 또 사고가 나면 어떻게 하냐고, 아예 스키 탈 생각은 꿈에도 하지 말라고 엄포를 놓았다. 아이는 겨울만 되면 스키가 타고 싶다고 졸랐지만 엄마는 조금도 양보하지 않았다. 이 엄마는 그때 그 정도로 다쳤기에 망정이지 더 큰 사고가 났다면 아이의 목숨까지 위태로

웠을 거라고 생각했다. 그래서 아이를 보호하기 위해서 다시는 위험한 곳에 가지 않겠다는 확고한 신념을 갖게 되었다.

우리는 이런 일을 일상에서 너무나 많이 겪는다. 나도 경모가 툭하면 다쳐서 응급실을 찾아오는 바람에 집 안에서 뾰족한 것만 보이면 노이로제에 걸린 것처럼 치웠던 경험이 있다. 책상 모서리도 불안하고, 젓가락도 불안하고, 장난감도 불안했다. 병원에서 일하는데 집에서 전화만 와도 '또 무슨 일이 생긴 걸까?' 하고 가슴이 쿵 내려앉았다. 그러다 보니 아이와 있을 때 즐거운 시간을 갖기보다는 또 어디 다치지나 않을까 전전긍긍했다.

'자라 보고 놀란 가슴 솥뚜껑 보고 놀란다'는 속담은 한 번 나쁜 일을 경험하고 나면 나쁜 일과 관련된 것에만 신경이 집중되는 상태를 잘 말해 준다. 우리의 뇌는 어떤 생각을 하면 할수록 그것과 관련된 신경 회로가 더 많이 형성되는데, 그렇게 형성된 신경 다발은 비슷한 자극만 주어져도 자동적으로 반응해서 사람들을 비슷한 종류의 걱정과 불안으로 몰아간다.

일하는 엄마들은 오랜 시간 아이 옆에 있을 수 없기 때문에 이러한 불안을 더 많이 갖는다. 특히 아이가 학교에 입학할 시점이 되면 갑자기 미래의 일이 두려움으로 밀려올 때가 있다. 엄마가 집에 없다는 이유로 왕따를 당하는 것은 아닐까,

외로워하지는 않을까, 선생님한테 미움을 받는 것은 아닐까 온갖 생각을 다 한다. 이런 생각에 파묻혀 있다 보면 아이가 선생님한테 혼났을 때 "거 봐. 이게 다 내가 일을 하기 때문이야. 직장을 그만둬야 되나 보다"라는 말부터 나오게 된다.

하지만 아이가 선생님에게 혼나는 이유는 너무나 다양하다. 때로는 전적으로 아이 잘못이 아닌데 혼나기도 한다. 선생님의 교육관이 아이의 행동을 지나치게 엄격하게 통제하는 편이라면 그런 일이 생길 수 있다. 그러나 불안에 사로잡히면 이런 객관적인 상황들이 눈에 들어오지 않는다. 오로지 '내가 일을 하기 때문에 아이에게 신경을 못 써서 선생님에게 혼이 났다'는 생각만 반복하는 것이다.

그럴 때는 다음의 방법을 써 보라. 불안한 이유는 '계속 나쁜 일이 일어날 것이다'라는 잘못된 신념 때문인데, 그것은 타고난 것이 아니라 만들어진 것이므로 다른 신념을 만들어서 바꿀 수 있다. 단, 그러기 위해서는 아주 의식적이고 의도적이며 꾸준한 노력이 필요하다.

1. 일단 그 생각을 멈추어라

먼저 자신이 어떤 부정적인 생각에 빠져드는지를 잘 들여다보아야 한다. 그리고 그쪽으로 생각이 흘러가는 것이 느껴지면 그 생각을 '일단 멈춤'하는 것이 필요하다. '엄마가 없

어서 혼이 났다', '스키장에 가기만 하면 사고가 난다'와 같
은 생각이 계속 머릿속에서 맴돌고 있다면 일단 멈추고 거기
에서 벗어나야 한다.

2. 객관적으로 바라보라

상황을 주관적으로 판단하지 마라. 우리가 느끼는 불안은
객관적 사실에 근거한 것이 아니라 주관적인 인식의 결과일
뿐이다. 스키장에서 사고가 났다면 아이가 여러 가지 안전 수
칙에 소홀했기 때문인지, 아이를 돌보는 사람이 충분한 주의
를 기울이지 않아서인지, 스키장의 안전장치가 부실했기 때
문인지 등등 객관적인 사실을 파악해야 한다. 아이가 선생님
에게 혼이 났다면 아이의 어떤 행동 때문인지, 그 행동을 미
리 조절할 수는 없는지, 같이 있었던 친구나 선생님의 성향
때문은 아닌지 살펴볼 수 있다.

3. 지금 할 수 있는 일을 해라

이것이 불안을 극복하는 가장 중요한 단계다. 왜냐하면 지
금 할 수 있는 일을 함으로써 과거에 경험한 일들이 다시 현
실에서 나쁜 일로 실현되는 것을 막을 수 있기 때문이다. 실
제로 병원에 극심한 불안 장애가 있는 사람이 찾아오면 제일
먼저 그 불안한 순간을 떠올려 보라고 말하고, 현재에는 그

일이 아직 일어나지 않았음을 상기시킨다. 그리고 그 일이 일어나지 않도록 하기 위해 할 수 있는 일이 무엇인지 가능한 많은 대안들을 떠올리라고 한다. 이때 대안은 많을수록 좋다. 만약 위의 예처럼 스키장에서 사고가 날까 봐 불안하다면 아이에게 안전 수칙을 다시 일러 주는 방법도 있고, 안전 장비를 꼼꼼히 점검할 수도 있고, 더 쉬운 코스에서 스키를 타게 할 수도 있다. 아이가 학교에서 혼난 경우도 마찬가지다. 선생님의 성향을 파악하여 미리 준비를 할 수도 있고, 아이의 기질이 다른 아이들과 다르게 독특하다면 선생님을 찾아가서 상담을 할 수도 있다. 또래 친구 엄마에게 도움을 요청할 수도, 정 안 되면 학교를 옮기는 방법도 있다.

4. 내 뜻대로 할 수 없는 일도 있음을 받아들여라

불안이 많은 이유는 역설적으로 세상의 모든 일을 자기 뜻대로 통제하고 싶은 마음이 크기 때문이다. 하지만 세상일이 어디 그런가. 특히 아이를 키우는 일은 세상이 내 뜻대로 되지 않음을 매 순간 확인하는 일이다. 할 수 없는 일은 애쓰지 말고 받아들여라. 경모가 틱에 걸린 것, 우리나라의 문화가 아직도 남성 중심적인 것, 내가 여자로 태어난 것 등등 세상에는 내가 바꿀 수 없는 것들은 너무나 많다. 그걸 바꾸려고 애쓰지 말고, 억울해하지도 말고 그냥 주어진 조건으로 받아들여라. 그리고 '지금 할 수 있는 일'에 에너지를 쏟아라. 당신이 할 수 있는 대안을 많이 생각해 낼수록 당신의 영혼을 좀먹는 불안에서 자유로워질 수 있다.

나쁜
기분에서
빨리
벗어나라
— 감정을 조절하는 법

불안에서 비롯된 '걱정'은 반드시 부정적인 기분으로 연결된다. 단지 걱정만 하고 있을 때는 생각을 바꿈으로써 어느 정도 벗어날 수 있는데 비해 화가 나거나, 부끄럽거나, 죄책감이 드는 등 어떤 생각과 단단히 결합되어 있는 '부정적인 기분'은 순식간에 사람을 덮쳐서 아무리 이성적으로 생각하려고 해도 바꾸기가 쉽지 않다. 기분의 힘은 걱정보다 훨씬 크기 때문이다.

정신과 의사인 마크 고울스톤은 『뱀의 뇌에게 말을 걸지 마라』라는 책에서 인간에게는 각각의 특성을 가진 '세 개의 뇌'가 있다고 말한다. 가장 깊은 곳에는 가장 원시적인 파충류의 뇌인 '뱀의 뇌'가 있고, 중간층에는 포유류의 뇌인 '토끼의 뇌'가, 가장 바깥에는 '인간의 뇌'가 있다. 그런데 가장 힘이 세고 파괴적인 힘을 가진 것이 바로 '뱀의 뇌'다. 이 '뱀의 뇌'는 생존이 위협받고 있다고 느낄 때, 즉 공포, 불안, 위협을 느낄 때 가동되는 뇌이다. 누군가가 나의 생존을 위협하고 있다고 느끼면 어떤 고등의 사고 작용을 거치지 않고 즉각적으로 '뱀의 뇌'가 가동되고 다른 뇌들은 '일단 멈춤' 상태로 들어간다.

만약 감정에 휩싸여 앞이 보이지 않는다면 '토끼의 뇌'나 '인간의 뇌'를 애써 가동시켜서 '뱀의 뇌'를 억누르려 하기보다는 '아, 지금 나의 뱀의 뇌가 활동을 하는구나'라고 알아차리는 편이 낫다. 감정에 휩쓸리지 않고 알아차리는 행동 자체가 '인간의 뇌'를 쓰는 행동이기 때문이며, 그렇게 알아차린 상태로 약간의 시간이 지나면 '뱀의 뇌'는 제풀에 스르르 김이 빠진다는 것이다.

나도 그럴 때가 있었다. 병원에서 부당하게 비난을 받은 날이면 잘못은 내가 아니라 그들에게 있다는 사실을 알면서도 기분은 참 비참했다. 그러면 아무리 머릿속으로 할 수 있는 대안을 생각해 낸다 하더라도 실행으로 옮기고 싶은 마음이 영 들지 않았다. 경모가 사고(?)를 쳤을 때도 마찬가지였다. 절망스런 기분이 먼저 마음을 장악하면 해결책도 떠오르지 않았다.

경모가 5학년 때였다. 그때는 이미 경모의 병도 다 파악한 이후라 약물 치료를 비롯하여 틱에 대한 전문 치료를 시작했고 상태도 많이 좋아지고 있었다. 학교에서도 큰 문제없이 잘 지내고 있었는데, 어느 날 경모 반 친구가 외할머니가 돌아가셔서 하루 학교를 결석했다. 다음 날 등교한 친구에게 경모는 그만 "축하합니다"라는 말을 하고 말았다.

그 이야기를 듣고 나는 끝도 없이 밑바닥으로 추락하는 기분이었다. 머리로는 '틱 때문이구나. 틱이 있으면 충동을 제어하지 못해서 그런 행동이 나올 수 있지. 돌발적인 이상한 행동이 바로 이 병의 증상이지'라는 생각을 떠올리려 애썼지만 기분은 완전 바닥이었다. '이제는 많이 나아졌다고 생각했는데, 우리 경모는 치료가 불가능한 건가?', '내가 과연 이 아이를 제대로 치료하긴 한 건가?', '저 아이가 장래에 뭐가 될 수 있을까?' 한도 끝도 없이 부정적인 생각이 이어졌다. 이 문제를 어디에서부터 어떻게 해결해야 할지 생각할 힘도 나지 않았다.

나는 경모를 앞에 앉히고 물끄러미 바라만 보다가 말했다.

"경모야, 어떻게 하면 좋을까?"

"사과해야지……."

"그래, 그 집에 가서 사과하자. 엄마가 같이 가 줄게."

경모도 자신의 행동에 많이 당황했던 것 같았다. 나는 그 집에 찾아가서 경모 친구와 엄마에게 미안하다고 간곡히 사과하고, 경모가 틱이 있어서 본의 아니게 그랬다고 설명을 했다. 그랬더니 그 친구가 경모에게 물었다.

"경모야, 그 말이 네 본심이 아니었니?"

"응. 나는 가끔 엉뚱한 생각이 입으로 나와."

"그래……. 넌 참 불편하겠다."

"정말 미안해."

"응, 난 이제 다 잊었어."

아이들 옆에서 나는 지옥과 천당을 혼자 왔다 갔다 했다. 솔직히 난 문제가 그렇게 쉽게 풀릴 줄 몰랐다. 예전에 경모의 행동이 학교에서 문제가 되어 같은 반 엄마 전체가 집단 항의를 한 적이 있었기에 '이건 또 어떻게 해결해야 하나?' 하는 암담한 생각이 먼저 들었던 것이다. 그런데 경모 친구가 순순히 경모를 이해하고 용서하는 모습을 보니 방금 전까지 극단으로 치달았던 나 자신이 부끄러웠다. 그나마 다행스러운 건 절망스런 기분을 경모에게 표출하지 않았던 것이다. 만약 내가 그때 나쁜 기분을 조절하지 못하고 왜 나아지는 게 없냐고, 왜 이렇게 엄마를 힘들게 하냐고 아이를 다그쳤다면 안 그래도 자신의 행동을 후회하는 아이에게 더 큰 상처를 주었을 것이다. 이성적이지 못한 뱀의 뇌가 힘을 잃을 때까지 아무 말 않고 참은 것이 돌아보면 언제나 가장 잘한 일이었다.

감정을 조절하는 법

아이를 키우는 엄마에게 '감정 조절'은 무척 중요하다. 엄마가 얼마나 좋은 기분을 유지하느냐에 따라 아이의 지능, 정서는 물론 신체까지 그 발달 정도가 달라진다. 엄마가 기분을 잘 조절하지 못하고 변덕스럽게 행동하면 그 자체가 아이에게는 '예측 불가능한 상황'이 되어 큰 스트레스를 줄 뿐만 아니라 아이 역시 기분 조절력을 키우기 어려워 예민한 성향을 갖게 된다.

기분 조절이 잘 되지 않는 엄마 중에는 어릴 때 원부모에게 솔직한 기분을 인정받지 못한 경우가 많다. 어렸을 때부터 감정을 부정하고 억압했기 때문에 어른이 되어서도 불편하고 낯선 감정이 찾아오면 어떻게 다뤄야 할지 몰라 당황하고 변덕을 부리게 되는 것이다.

기분을 조절하라는 말의 의미는 감정을 억압하라는 것이 아니다. 억압은 감정이 없다고 생각하는 것인데, 그것은 아프면서도 아프지 않다고 말하는 것과 같다. 즉 사실을 인정하고 맞닥뜨리기가 두려워서 회피하는 것이다. 감정은 에너지덩어리인데 이것을 억지로 눌러 놓으면 어딘가에 숨어 있다가 언젠가는 폭발하게 되어 있다.

또 오랫동안 제대로 표현하지 못한 감정은 세상을 비딱한 관점으로 바라보게 한다. 남들이 무심결에 하는 사소한 행동을 '나를 무시하는구나', '왜 저렇게 잘난 척을 하지?'라고 꼬아 보며 나쁘게만 생각하게 되는 것이다. 따라서 감정 조절은 삶을 긍정적으로 살아가기 위해서도 반드시 필요하다.

감정을 조절하는 것은 먼저 그 감정을 부정하지 않고 충분히 느끼는 것에서부터 시작한다. 두려움, 부끄러움, 분노, 좌절, 죄책감 등의 감정의 파도가 밀려올 때 우리는 그것을 일단 느껴야 한다. 그런 감정을 빨리 느끼고 나면 오히려 터질 듯한 감정의 에너지가 스르륵 빠지면서 거리를 둘 힘이 생긴다.

그러고 나서 '해결책이 무엇이 있을까?'로 옮겨 가면 감정에 휩쓸리지 않고 중심을 잡을 수 있다. 때로는 감정을 그대로 느끼고 발산하는 것보다 아예 다른 방향으로 그 에너지를 전환시키는 것이 도움이 되기도 한다. 다음은 내가 사용했던 감정 전환법이다. 각자의 상황과 취향에 맞게 방법을 찾아내는 것도 좋을 것이다.

1. 몸 움직이기

감정은 순간순간 일어났다 사라지는 것이 본래 속성이지만 특히 부정적인 감정에 신경을 쓰게 되면 쉽게 없어지지 않고 오래 지속된다. 부정적인 감정이 계속되면 의도적으로 그것을 날려 버리는 활동을 해야 한다. 가장 좋은 것은 몸을 움직이는 것이다. 감정이란 마음에서 비롯된다고 생각하기 쉽지만 사실 몸 안 어디에 '긴장'이라는 형태로 남아 있다. 따라서 걷기나 등산처럼 몸을 의도적으로 많이 움직이면 자연스럽게 사라지기도 한다.

나는 이대로 집에 들어가선 안 되겠다 싶을 정도로 기분 나쁠 때는 '난 지금 아이를 만나러 간다'라는 말을 되뇌이며 동네를 한두 바퀴 걸었다. 그 정도로 해결 안 될 만큼 직장에서 받은 스트레스가 심할 때는 일요일 새벽에 일어나 북한산에 다녀왔다. 한두 시간 땀을 뻘뻘 흘리며 산을 타고 오면 몸과 마음이 훨씬 가벼워졌다.

몸을 움직이는 것이 여의치 않을 때는 음악을 들었다. 아무 생각 없이 음악의 선율만 따라가다 보면 몸 안에 쌓여 있던 긴장이 스르르 풀렸고, 마치 음악이 내 감정을 공감해 주는 것 같아 위로받는 기분이었다.

2. '지지 그룹'을 만들어라

아이가 학교생활을 잘 못한다, 남편이 아이를 봐 주기로 약속한 날 오히려 술을 마시고 늦게 들어왔다, 갑자기 아이가 아픈데 봐 줄 사람이 없다, 시어머니는 이런 상황을 이해하지 못하고 전화를 자주 하지 않는다고 야단친다……. 일하는 엄마를 만성 스트레스로 몰고 가는 상황들이 반복되면 자신도 모르는 사이에 부정적인 패턴으로 일상을 살게 된다. 그런데 이런 상황 속에서도 일일이 스트레스 받지 않고 훌훌 털어 버린 뒤 씩씩하게 앞으로 나아가는 훌륭한 엄마들이 의외로 많다.

이런 엄마들을 가만히 보면 주변에 '지지 그룹'을 충분히 가지고 있다. 친한 동네 친구나 언니 또는 여동생에게 언제든 전화해서 "나 오늘 정말 기분 나쁜 일이 있었거든" 하고 말하면서 풀어 버린다. 나쁜 기분은 흐르고 흘러 우울감과 고독감으로 정착되기 쉬운데, 이런 상태는 주변에서 잘 받아 주면 금방 풀린다. 아이들이 울거나 떼를 쓸 때 엄마가 잘 받아 주면 금세 기분이 전환되는 것과 같은 원리다. 기분이 나쁠 때는 친구, 자매, 동네 엄마 등 내 기분을 알아줄 수 있는 사람들에게 전화를 걸어 수다를 떨자. 부정적인 에너지도 흘려보내고, 세상엔 나 혼자가 아니라는 든든한 믿음도 생긴다.

3. 기분 도표 만들기

기분 도표는 그날그날의 기분을 스스로 측정하여 기록하는 것으로, 내가 진료실에서 우울증 환자에게 주로 쓰는 방법이다. 우선 자신의 진짜 기분이 어떤지 느껴 보고 기분의 정도를 가장 나쁜 상태인 0부터 가장 좋은 상태인 10까지 비율로 측정하여 공책에 적는다. 그리고 그렇게 기분이 나빠진 이유를 생각나는 대로 죽 적는다. 만약 지금 기분이 4점이라면 무엇 때문에 기분이 나쁜지를 죽 적고 6점을 만들기 위해서 무엇을 할 수 있을지를 써 본다. 또 6점으로 가기 위해 방해하는 요인이 무엇일까를 생각하고 써 본다. 이 방법을 쓰면 나쁜 기분에서 빠져나와 해결책 쪽으로 움직일 수 있다. 처음에는 조금 어렵게 느껴져도 열 번, 스무 번 반복하다 보면 어느새 '내가 할 일'에만 집중하게 된다. 심한 우울증 환자, 불안 장애 환자도 이 방법을 반복하면 자신을 옭아매는 기분에서 벗어나 일상을 긍정적으로 계획할 수 있다.

답이
보이지 않을 때는
일단 버텨라
- 버틸 때 필요한 시간 관리법

우리가 직면한 중대한 문제들은 우리가 그 문제들을 보는 그 수준의 관점에서는 해결되지 않는다. - 아인슈타인

살다 보면 '여기까진가 보다……' 라는 생각이 들 때가 있다. 아이 일이든, 직장 일이든, 남편과의 문제이든, 우리를 괴롭히는 여러 문제들을 해결하려고 끝없이 애쓰고 노력했으나 한계에 부딪힐 때 말이다. 그럴 때는 아무리 노력해도 별반 나아지는 것도 없다는 생각에 힘이 빠지고 모든 걸 포기하고 싶어진다. 마치 저기 저 길모퉁이만 돌면 탄탄대로가 나올 것 같아 험준한 자갈길을 어렵사리 걸어왔는데 탄탄대로는커녕 안개 낀 자갈길이 계속 이어져 있는 것 같은 기분이다.

그래서 나도 모르게 '아, 이 길이 아닌가 보다' 싶은 마음이 들고 옆에 샛길이라도 있으면 얼른 빠져나와 다른 길로 가고 싶은 유혹이 든다.

나 역시 그런 유혹에 시달린 게 한두 번이 아니다. 나를 배려해 주지 않는 남편과 행복한 부부로 살 수 있을까, 힘들게 아이 키우면서 대학에 남으려 애쓰지 말고 개업의로 일할까, 네 시간밖에 못 자면서 모든 걸 다 잡으려고 안달복달하지 말고 그냥 다 놓아 버릴까…… 앞이 안 보이는 암담함에 이런 생각이 모락모락 피어오를 때면 나는 앞에서 말한 아인슈타인의 말을 떠올렸다. 모든 문제는 해결책을 함께 가지고 있고 그 해결책은 문제와 같은 수준이 아닌 다른 차원에 존재한다는 그 말을 곱씹으며 '그래, 조금만 더 가면 해결책이 있는 곳에 도달하겠지. 조금 더 가 보자' 하는 마음으로 힘을 내곤 했다.

현재의 상황이 너무 힘이 들고 지칠 때 우리는 다른 길로 가 버리고 싶은 마음이 저절로 든다. 그 길이 좋은지 어떤지 검증되지도 않았는데 일단 그 고통에서 벗어나고 싶은 것이다. 과연 잘 맞지 않는 남편과 헤어지는 것이 최선의 선택일까? 만약 폭력이나 중독 문제가 있는 남편이라면 헤어지는 것이 더 나은 인생을 위한 확실한 대안일 것이다. 하지만 그게 아니라면 마지막 결정을 내리기 전까지는 끝까지 버텨 봐야 한다. 단지 '괴로움에서 벗어나기 위해서'라는 이유만으로 무작정 다른 길을 택하는 것은 합리적인 결정이 아니다. 직장 문제도 마찬가지다.

함께 일하는 동료들이 "신의진 선생, 이렇게까지 뭐하러 버팁니까? 나 같으면 벌써 그만둡니다. 그만두는 게 병원을 위해서도, 당신을 위해서도 낫지 않습니까?"라고 말한 적이 있다. 그때 가장 크게 마음이 흔들렸다. 가장 가까운 곳에서 내가 얼마나 열심히 일하는지 지켜봐 온 사람들도 그만두는 게 낫지 않겠냐는 말을 할 정도라면 내가 욕심 때문에 안 되는 일을 된다고 미련하게 우기는 건 아닐까, 나 자신에 대한 의심이 들었다.

하지만 나는 그만두고 나가면 지금 당장 이 괴로움에서는 벗어나겠지만 그것 말고 무엇이 더 좋을지 확신이 들지 않았다. 집에서 아이를 돌보거나, 개업의로 일하면서 주어지는 성장에 내가 만족할 수 있을까? 가만히 앉아서 내 마음에게 물었다.

'네가 정말 원하는 것은 무엇인가? 만약 지금 그만둔다면 100퍼센트 나의 선택이라고 볼 수 있는가? 너는 그 선택에 책임을 질 마음의 준비가 되어 있는가?'

그때 내가 내린 답은 만약 그만두더라도 상황에 의해 어쩔 수 없이 그만두지는 않겠다는 것이었다. 내가 이 자리를 떠난다면 그것은 100퍼센트 내 선택에 의한 것이어야 하고, 내가 더 성장하는 곳으로 가기 위한 결정이어야 한다는 것이 내 결론이었다. 포기는 가장 마지막 순간에 선택할 것이고, 그때까지 겪어야 할 괴로움은 기꺼이 감당하겠다고 나름대로 비장하게 결심했던 기억이 난다.

힘든 시기는 결국 지나간다

돌이켜 보면 그때 그렇게 버틴 내가 기특하기도 하고, 안쓰럽기도 하다. 그래서 지금 "너무 힘들어요" 하며 고개 푹 숙이고 있는 일하는 엄마들을 보면 옛날의 나 같아서 마음이 짠하다. 하지만 난 그들에게 "아무리 힘들어도 몇 년만 죽었다고 생각하고 버텨라"라고 말해 주고 싶다.

열 살 이하의 어린 아이가 있는 일하는 엄마들이 대부분 30대 혹은 40대 초반일 텐데, 그 시기는 맡은 일을 왕성하게 해 낼 수 있는 체력이 밑받침되는 시기이다. 30세부터 45세까지는 신체적으로 가장 젊고 왕성한 시기로, 아프거나 피곤해도 2~3일 푹 쉬면 금방 원상태로 회복이 될 수 있다. 나만 해도 50세를 눈앞에 둔 지금은 옛날처럼 하루에 네 시간만 자면서 일을 하는 사실상 불가능하다. 하지만 45세 정도까지는 꾸준한 체력 관리와 시간 관리를 병행한 덕분에 내 우선순위에 있던 일들은 대부분 수월하게 해낼 수 있었다.

또한 그렇게 힘든 시기는 반드시 지나간다. 끝도 없을 것 같은 육아도 막내가 열 살이 되면 어느 정도 마무리된다. 엄마가 일일이 쫓아다닐 필요도 없어지고 점점 아이 스스로 결정하는 영역이 늘어난다. 오히려 그때는 엄마가 아이에게 붙어서 하나하나 코치하는 것보다 한 걸음 떨어져서 아이가 가는 길을 지켜보는 것이 낫다.

물론 버텨서 안 되는 상황도 있다. 남편이 폭력을 휘두른다거나, 아이가 큰 병에 걸려서 엄마가 하루 종일 필요하다면 단호하게 결단을 내리고 가장 중요한 일을 향해 모든 에너지를 모아야 한다. 하지만 그런 상황이 아니라 밖에서 주어지는 여러 요구 사이에서 갈팡질팡하고 있다면 일단 자신이 진정 원하는 것이 무엇인가 떠오를 때까지 버티는 지혜가 필요하다.

버틸 때 유용한 시간 관리법

그동안 잘 버텨 오다가도 유난히 힘든 일이 겹쳐서 몰아닥칠 때가 있다. 환절기라 아이 컨디션이 좋지 않은데 빨리 회복이 안 돼 자꾸 병원에 갈 일이 생긴다거나, 직장에서 맡은 일이 잘 풀리지 않아 계속 문제가 생길 때 등이 그렇다. 이럴 때는 그동안 잘해 왔어도 사람이기에 견딜 수 없을 만큼 마음이 복잡해지고, 어떻게든 버티려고 했던 의지가 약해진다. 이럴 때 도움이 되는 인생의 팁이 있다.

내가 '수행자 모드'라는 별명을 붙인 방법이다. 일주일 스케줄 표를 앞에 두고 할 일을 죽 적는다. 심지어 장보기, 이메일 검토하기, 아이 숙제 봐 주기처럼 아주 사소한 일상의 일도 꼼꼼히 적는다. 그다음 할 일의 우선순위를 매겨서 구체적인 시간표를 짠다. 그리고 그대로 행동한다. 마치 프로그램이 입력된 로봇처럼.

이는 '구획하기(compartmentalization)'라고 부르는 나만의 정신기제인데, 시간에 구간을 나누어서 각 구간에 이름을 붙이고 그 시간에 정해진 일만 하는 것을 말한다. 어떤 일을 하기에 앞서 이렇게 할까 저렇게 할까 고민하고 괴로워하는 시간에 기계적이고 반복적으로 일상적인 일에 몰입하면 버티기가 수월해진다. 생활을 극도로 단순화하고 반복하면서 당장 답을 낼 수 없는 고민을 차분히 들여다보고, 감정적인 괴로움도 누그러뜨리며, 진짜 원하는 것이 저절로 드러나게 하는 것. 이것이 바로 일하는 엄마들에게 강력하게 추천하는 '버티기'의 방법이다.

어떤 일을 하기로 정한 시간에는 다른 일은 완벽하게 잊어야 한다. 요리를 할 때에는 요리에만 집중하고, 일을 할 때에는 일에만 집중하고, 아이들과 함께 있을 때는 아이들에게만 집중하라. 조금 힘들어서 쉬고 싶을 때나 친구를 만나서 하소연하고 싶을 때도 그 마음을 누르고 하기로 정해진 일을 먼저 하는 것이 좋다. 그렇지 않으면 마음이 흐트러질 수 있기 때문이다. 잡념이 떠오른다면 머릿속에서 전기 스위치를 떠올리고 그것을 끄는 이미지를 계속 재생하면서 자기 최면을 거는 것도 방법이다. 물론 그래도 머릿속에 남아 쉽게 사라지지 않는 생각들이 있다. 나는 그럴 때 남아 있는 생각들은 수첩에 적어 두고, 힘든 시기가 지나가면 그때 다시 들춰 보았다.

"만일 당신이 무언가를 절실하게 원한다면 절대 포기하지 마라. 우리 앞에 나타나는 장벽에는 다 이유가 있다. 장벽은 우리가 무엇을 얼마나 절실하게 원하는지 깨달을 수 있도록 기회를 제공하는 것이다. (……) 장벽은 절실하게 원하지 않는 사람들을 걸러 내려고 존재한다. 장벽은, 당신이 아니라 '다른' 사람들을 멈추게 하려고 거기 있는 것이다."

마흔일곱이라는 젊은 나이에 췌장암으로 세상을 떠난 랜디 포시 교수가 그의 저서 『마지막 강의』에서 남긴 말이다. 죽음을 눈앞에 둔 사람이 '멈추지 마라'고 이야기하고 있는 데에 주목하자. 어쩌면 '버티기'는 인생의 내공을 쌓는 진정한 힘인지도 모른다.

나만 아프고,
나만 힘들다고
생각하지 마라

20여 년 내 삶의 터전이었던 대학과 병원에서 잠시 벗어나 있는 요즘, 부쩍 바깥의 풍경을 볼 기회가 많아졌다. 나무와 구름, 강물과 바람, 길거리를 바쁘게 지나가는 사람들, 다정히 손을 맞잡은 연인……. 나를 둘러싼 이 세상을 보다 보면 그것들이 한데 어울려 있는 풍경이 그 자체로 아름답다는 걸 새삼 느낀다. 분명 세상이 달라진 건 아닌데 그동안 무엇에 홀려 이 아름다움을 보지 못하고 있었을까?

나는 '나'에게 홀려 있었다. 나의 상처, 나의 열등감, 나의 욕망, 나의 사랑……. 사람들이 나에게 준 상처 때문에 아파하고, 열등감으로 고통스러워하고, 지금 내가 가지지 못한 것을 바라고, 더 나은 내가 되고 싶어서 발버둥쳤다. 그리고 나만 이렇게 힘든 것처럼 억울해했다.

그러나 '나'에게로 향한 시선을 조금만 돌려 밖을 보니 그렇게 고통스러울 일도, 괴로울 일도, 절망할 일도 없으며 남들 역시 나처럼 각자의 고통과 아픔에 힘들어하고 있다는 걸 알게 되었다. 나만 혼자 이런 것이 아니니 억울할 일도 없고, 잘난 척할 일도 없다. 뒤늦게 그것을 알고 나니 조금 머쓱한 기분이 들기도 한다. 만약 내가 그렇게 내 안에만 고립되어 있지 않고 조금 더 일찍 다른 사람들과 함께 고민과 어려움을 공유했으면 어땠을까. 그러면 좀 덜 억울하고 덜 외로웠을 것이다.

밖에서 보기에는 여러 사람들과 많은 교류를 하고 활발한 활동을 하는 것처럼 보여도 정서적으로 '고립'된 워킹맘들이 많다. 직장에서도, 집에서도, 학부모의 위치에서도 비주류에 속해 있기 때문이다. 하지만 이것은 일하는 엄마가 무슨 일이 있어도 피해야 할 상황이다. 사람이 고립을 자처하는 이유는 나의 고통과 아픔이 완전히 개인적인 일이라고 생각하기 때문이다. 특히 엄마들은 죄책감이 기본적으로 프로그래밍 되어 있어서 모든 잘못을 내 책임으로 가지고 오기 쉽다. 모든 일들이 자신의 책임이라고 생각하기 때문에 더 완벽하게 해내기 위해 애쓰며, 실패를 두려워하고 실패하면 큰 상처를 받는다.

하지만 한 개인의 실수나 실패가 온전히 그 사람만의 탓은 아니다. 능력이 있고 없고의 문제가 아니라 어떤 개인도 혼자서 모든 일을 해낼 수는 없다. 거기에는 사회 시스템상의 문제도 얽혀 있고 문화와 전통에서 비롯된 문제도 있다.

또한 어떤 좌절이나 고통은 성장을 위한 배움의 경험일 뿐, 무능력과 열등감의 주홍글씨가 아니다. 모두 내 탓으로 돌리는 대신 실수를 용납하고 배우는 기회로 생각해야 한다. 그리고 더 많이 배우고 성장하기 위해 밖으로 손을 내밀어야 한다. 그렇게 해야 다른 사람들과의 연대를 통해 개인의 힘으로는 바꿀 수 없는 것을 함께 바꿔 나갈 수 있다.

더불어 살기를 배우는 엄마들

의대 교수 초창기 시절, 나를 크게 감동시킨 한 엄마가 있었다. 만 다섯 살 된 유치원생 딸아이의 소변에 피가 섞여 나와서 산부인과에 가니 성폭행을 당한 것 같다는 진단이 나와 급히 소아정신과를 찾은 것이었다. 엄마는 그동안 아이가 유치원에 가기 싫다며 발작적으로 떼를 썼고, 잘 놀다가도 인형의 목을 비트는 등 이상한 행동을 했다고 말했다. 검사 결과 아이는 성폭행을 당한 것이 분명했다.

내 진단을 들은 엄마의 모습은 정말 내가 함께 펑펑 울어 주고 싶을 정도로 처참했다. 엄마로서 아이를 지키지 못했다는 자책감과 이런 줄도 모르고 억지로 유치원에 보냈다는 죄책감 때문에 거의 제정신이 아니었다. 치료는 엄마와 아이가 함께 받아야 했다.

치료를 하며 그 엄마는 아이에게 그런 일이 일어난 걸 숨기고 싶어 했다. 엄마 본인이 수치스러운 건 둘째 치고 남의 입에 오르내리면 아이가 또 한 번 마음의 상처를 입지 않을까 해서였다. 진실을 밝혀 가해자가 처벌을 받도록 하는 것보다 아이를 지키고 싶은 엄마의 마음도 이해가 가서 나 역시 그녀의 결정에 굳이 반대를 하지 않았다.

9개월여의 치료가 끝나 가고 겉으로나마 평온한 일상을 되찾아가고 있던 어느 날, 그녀는 내게 폭탄선언을 했다.

"제가 이렇게 그냥 덮어 버리면 다른 아이들도 똑같은 일을 당할 수 있는데, 그걸 알고도 모른 척할 수가 없어요. 또 내 딸이 잘못해서 그런 게 아니라는 사실을 밝히고 싶어요. 그래야 우리 아이가 당당하게 고개를 들고 다닐 수 있을 것 아니에요. 선생님, 도와주세요."

같은 엄마로서 나는 깜짝 놀랐다. 저런 놀라운 힘이 어디에 숨어 있었을까.

상처가 인생의 트라우마로 남지 않게 하려면 상처를 밖으로 내보여서 딱지가 앉게 하고 새살이 돋게 해야 한다. 그래야 상처를 딛고 일어설 수 있다. 안으로만 감추고 덮어 놓으면 잘 아문 것 같아도 그것이 다시 드러날 때마다 덧나고 아프기 쉽다.

하지만 사회적으로 약자일 수밖에 없는 엄마와 아이가 상처를 공개하고 싸우는 것은 보통 용기로 되는 일이 아니다. 게다가 가장 예민한 상처인 아동 성폭력 문제가 아닌가.

그렇게 시작된 유치원 원장과의 싸움은 쉬이 끝나지 않았다. "딸 하나 잘 지키지 못하고……. 아줌마나 똑바로 살아!"라는 비난부터 "알려져 봤자 손해 보는 건 아줌마뿐이에요" 하는 충고까지 세상의 시선은 결코 호의적이지 않았다.

그러나 그녀는 물러서지 않았다. 오히려 더욱 단단해져 갔다. 재판에 필요한 증거 수집을 위해 여기저기 뛰어다니는 한편, 같은 아픔을 가지고 있는 다른 성추행 피해 아동을 돕는 데도 앞장섰다. 나도 최선을 다해 그녀를 도왔다.

그녀의 노력은 헛되지 않았다. 언론은 아동 성추행의 실태에 대한 기사를 다루며 관심을 보이기 시작했고, 탁상공론만 일삼던 관공서 관료들은 '아동 성추행'이란 게 대체 뭔지 부랴부랴 알아보기 시작했다. 지금은 아동이 성적 학대를 당하면 한곳에서 신고, 증거 확보, 진단, 치료, 가해자 재판까지 할 수 있는 '해바라기 센터'가 있지만 그때만 해도 아동 성추행이 아동 학대인지, 성범죄인지도 모호했고, 재판을 위한 증거

수집 절차 과정에서 피해자가 2차 피해를 당하는 일이 훨씬 더 많았다.

그런 상황을 이겨 내기 위해 그녀는 아동 성추행 근절을 위한 가족 모임을 만들었다. 자신이 가진 경험을 나누고 싶다며, 언제 어디서 있을지 모를 이 땅의 아동 성추행을 뿌리 뽑고 싶다며 자신의 실명과 경험을 공개했다.

남의 아이도 내 아이처럼 생각하고 눈물짓는 엄마, 아이들에게 더 좋은 세상을 물려주기 위해 불이익을 감수하는 엄마, 자신의 아픔과 힘을 기꺼이 나누는 엄마들에게서 나는 정말 큰 위로와 힘을 받았다. 그 엄마들은 더불어 사는 일의 소중함을 알고 있었다. 개인적인 상처만 후벼 파던 나에게 그 엄마는 서로 손잡는 '연대'의 가치와 '함께함'의 위대함을 가르쳐 주었다.

우리는 누군가의 도움으로 살아간다

가만 돌이켜 보면 낭떠러지에 혼자 내몰린 듯한 절망에 사로잡혀 있을 때, 항상 다른 사람의 도움이 있었다. 레지던트 시절, 정신분석 수련을 통해 감정과 편견에서 벗어나 큰 걸음을 떼게 해 주신 이재승 선생님이 아니었다면 의사 노릇은커녕 상처 입은 고양이처럼 사납게 살고 있었을지 모른다. 또 계속 교수를 할 수 있을지 없을지 앞이 보이지 않을 때, 내 하소연을 들어 주고 적절한 조언을 해 준 선배들 덕분에 위로도 받고 나를 객관적으로 볼 수도 있었다.

일상에서도 나는 많은 사람들의 도움을 받고 있었다. 경모를 엄마보다 더 넉넉하게 품어 준 도우미 할머니, 경제적으로 어려울 때 도움을 주신 친정 부모님, 수시로 집에 와서 조카와 놀아 준 남동생, 내가 더 나은 의사가 되도록 깨우침을 준 환자들, 내 아이들을 자기 아이들처럼 챙겨 주고 돌봐 준 이웃 엄마들 등 나와 관련된 모든 사람들이 스승이고 조력자였다.

그들은 내가 도움의 손을 내밀 때마다 기꺼이 나를 도와주었고 내가 더 나은 사람이 될 수 있도록 지지를 아끼지 않았다. 마음으로든, 물질로든, 힘으로든 모든 형태의 도움 덕분에 내가 여기까지 올 수 있었다.

대한민국의 모든 엄마들이 내 아이만, 내 가족의 행복만 생각하는 어리석음에 빠지지 않았으면 좋겠다. 또 나도 세상의 도움을 받지 않았으니 줄 게 없다고 생각하지 않았으면 좋겠다. 물론 각자 행복하게 사는 방법도 얼마든지 있지만, 다른 사람들과 손을 맞잡았을 때 더 쉽게, 더 큰 행복을 얻을 수 있다.

중국의 작가 노신이 그랬다. 희망이란 본래 있다고도 할 수 있고 없다고도 할 수 있다고. 그것은 마치 땅 위의 길과도 같은 것이라고. 본래 땅 위에는 길이 없었지만 걸어가는 사람이 많아지면 그것이 곧 길이 되는 것이라고.

날마다
새로워지는
나를
만나라

예전에는 청소년 문제라고 하면 학교 폭력이나 왕따에 연루되거나 가출, 도벽 등의 문제 행동 때문에 병원에 오는 경우가 대부분이었는데, 요즘에는 "아무것도 하기 싫어요"라고 말하는 무기력한 모습 때문에 우울증이 아니냐며 병원에 오는 경우가 많다.

이 아이들을 만나 보면 한결같이 "나 좀 건드리지 마세요"라고 말한다. 귀에 이어폰을 꽂고 하루 24시간 내내 음악만 듣고 다른 사람과 대화를 하며 그의 생각을 듣고, 자신의 느낌을 나누는 것을 꺼린다. 그렇다고 앞날이 걱정스러울 정도로 공부를 못하는 것도 아니다. 문제가 되지 않을 만큼만 적당히, 70~80점대의 점수를 받는다.

어른이 되어서 무엇을 하겠다는 꿈도 없다. 일은 되도록 적게 하면서 잘릴 걱정은 없는 회사에 취직하거나 부모님에게 용돈을 받아서 나름대로 꾸린 혼자만의 세계 안에서 적당히 사는 것이 꿈이라면 꿈이다. 뭘 더 배우거나 열심히 하겠다거나 하지 않는다. 그렇게 살다가는 우물 안 개구리밖에 안 될 것이라고 말해 주면 "우물 안 개구리가 어때서요? 우물 안에서 행복하게 살면 되죠. 난 그냥 그렇게 살 거예요. 열심히 한다고 되는 일도 없어요"라고 시큰둥하게 말한다.

무엇이든지 혼나지 않을 만큼만 적당히 하고 그만두는 아이들, 나 하나만 편하면 그만이라는 아이들, 이런 아이들을 보고 있자면 참 마음이 답답해진다. 편한 것만 추구하느라 자신이 무엇을 하고 싶은지 찾아볼 생각도 못하고 있기 때문이다. 그들은 새로운 관계에서 생겨나는 긴장과 어색함을 견디지 못하고, 다른 사람과 충돌했을 때 설득하고 타협하는 과정을 참아 내지 못한다. 어린 아이처럼 자신의 의견을 고집하거나 이마저도 귀찮아서 숨어 버린다.

자기가 만든 좁은 울타리 안에서 살아가면 마음은 편할 것이다. 하지만 초 단위로 변화하는 세상에서 평생 그 울타리가 안전한 삶의 터전이 되어 줄지 누가 확신할 수 있겠는가. 결국 언젠가는 변화에 대한 요구를 받을 수밖에 없다. 그때는 어떻게 할 것인가.

틀을 깨야 성장한다

우리는 모두 이 아이들처럼 어딘가에 기대어서 자기 틀에 안주하고 싶은 마음을 갖고 있다. 나 역시 엄마가 되기 전까지는 손바닥으로 가릴 수 있는 좁은 하늘만 보고 살았다. 공부하고 의사가 되는 것 외에 다른 호기심은 없었다. 그런 나에게 가치관과 생활 방식을 송두리째 바꿔야 하는 일이 일어났다. 바로 엄마가 된 것이다.

아이는 매 순간 내가 감당할 수 있는 용량을 초과하는 요구를 해 왔다. 그걸 해내느라 직장에서 요구하는 최소 수준의 일도 하지 못한 적도 있었다. 가지고 있던 틀을 깨고 더 큰 용량의 그릇으로 성장하지 않으면 일도 아이도 제대로 굴러가지 못할 것이 뻔했다. 나는 조금씩 내 틀을 깨고 상황에 적응하기 시작했다. 아이가 아프거나 직장에 문제가 생길 때마다 '내가 진짜 원하는 것이 무엇인가'를 들여다보았고, 지금 현재 있는 곳에서 딱 한 걸음을 더 나아가기 위해서 무엇을 할 수 있는지를 생각하고 그대로 행동했다. '더 도전을 할 것인가, 여기서 그만둘 것인가' 하는 선택의 기로에 놓일 때면 언제나 도전하는 쪽을 선택했고, 나쁜 감정은 그 원인을 파악하고 좋은 경험을 의도적으로 만들어서 내 마음이 상처받게 내버려 두지 않았다. 나의 역할에 주어지는 의무와 요구가 정당한지 아닌지를 지켜보고, 만약 정당하지 않은 요구라면 버텨서 참을 것인지 거부할 것인지를 결정했다. 도움이 필요할 때는 쓸데없는 자존심을 세우지 않고 도와줄 수 있는 사람을 찾아 손을 내밀었다. 그리고 그만큼 주변 사람들이 힘들고 아프면 안아 주었고, 친밀함을 나눌 수 있는 친구와 관계를 유지했다.

그 결과 나는 전보다 훨씬 성숙하고 넓어진 나를 만났다. 20년 전의 나와 지금의 나는 완전히 다른 내면을 가지고 있는 다른 사람이다. 다른 사람을 받아들이는 폭이 더 넓어졌고, 어려움이 닥쳤을 때 그걸 성장의 기회로 삼으려 노력한다.

그리고 무엇보다 가장 큰 변화는 내가 만나는 모든 세상의 경험을 '배움'으로 받아들인다는 점이다. 삶에 새로움을 안겨 주는 가장 큰 원천은 바로 끊임없는 배움이다. 새로운 것을 배울 때 뇌세포는 성장하며 새로운 신경 연결망이 활성화된다. 스트레스 감소 호르몬의 분비가 촉진되며 기분이 좋아진다. 배우고 성장한다는 것을 느꼈을 때 나는 비로소 살아 있다는 기쁨을 느낀다.

어제와 다른 새로운 나를 만나라

〈사랑의 블랙홀〉이라는 영화가 있다. 이 영화는 우리가 맞이하는 지루한 하루하루가 받아들이기에 따라 얼마나 다를 수 있는지를 잘 보여 준다. 주인공은 TV 기상 통보관인데 어떤 축제를 취재하기 위해 한 마을로 간다. 취재를 마친 후 다음 날 눈을 뜬 주인공은 라디오에서 어제와 똑같은 멘트의 뉴스가 흘러나오고, 똑같은 사람들을 만나, 어제 분명히 끝마친 취재를 다시 해야 하는 상황에 맞닥뜨린다. 다음 날에도, 또 그 다음 날에도 아침마다 똑같은 라디오 방송 멘트가 흘러나오자 같은 날이 반복된다는 고통과 두려움을 느끼는 주인공. 참다못한 그는 자살을 시도하지만 그마저도 실패하고 만다. '똑같은 날'을 만들지 않기 위한 여러 가지 노력을 하다가 지친 주인공은 결국 체념하고 그 상황을 그냥 받아들이기로 한다.

그는 무슨 일이 벌어질지 미리 알고 있는 능력을 이용해 다른 사람을 돕기 시작한다. 나무에서 떨어지는 아이를 받아 주고, 구걸하는 할아버지에게 따뜻한 밥을 사 주고 질식해서 죽을 뻔한 남자를 구해 준다. 그렇게 다른 사람을 돕기 시작하면서 차갑고 냉정한 그의 성격이 바뀌어 간다. 연민이 생기고, 사랑이 생기고, 친절이 생긴 그에게 사랑이 찾아온다. 사랑을 이루고 눈을 뜬 다음 날 아침, 마침내 라디오 멘트가 바뀌고 그토록 바라던 새로운 날이 시작된다.

우리는 어쩌면 이 영화의 주인공과 완전히 반대로 살고 있는지 모른다. 우리가 맞이하는 것은 어제와 조금도 같지 않은 완전히 새로운 하루임에도 마치 어제처럼 똑같은 하루가 반복된다는 생각으로 새로운 사람, 새로운 상황을 대한다. 지루하고 권태로우며 희망 없는 일상 속으로 스스로 걸어 들어가는 것이다.

하지만 삶의 축복은 우리가 인생을 나날이 새롭고 신기한 것으로 받아들일 때 일어난다. 우리 엄마들은 마음만 먹는다면 인생을 새로움으로 가득 채울 수 있다. 단풍을 보고 "와, 산에 무지개가 떴어"라고 말하는 아이의 순수한 마음과, 언제 걷나 싶었는데 어느새 신 나게 달리는 아이의 눈부신 성장을 매일매일 함께 만끽한다면 일상의 괴로움을 불러일으키는 습관적인 사고방식을 훨씬 쉽게 버릴 수 있다. 아이가 가진 삶에 대한 끊임없는 호기심을 함께하라. 당신의 인생도 아이의 호기심처럼 반짝반짝 빛날 것이다.

"지금 이 삶에서 어떤 배움을 얻는가에 따라
우리는 우리의 다음 삶을 선택한다.
아무런 배움도 얻지 않는다면
그다음 삶 역시 똑같을 수밖에 없다.
똑같은 한계, 극복해야 할 똑같은 짐들로 고통받는…….
배우고, 발견하고, 자유로워지는 것,
그것보다 더 큰 삶의 이유는 없다."
ー리처드 바크, 『갈매기의 꿈』

Chapter 4

일하는 엄마가 꼭 알아야 할 육아의 비밀

한참 예민하게 성장하고 있는 아이들은

조금만 돌봄이 소홀해지면 반드시 표시가 난다.

몸이 아프기도 하고, 마음이 아프기도 한다.

그런데 그런 신호를 엄마가 눈치채지 못하고

무심히 넘어가면 문제가 커질 수 있다.

출산 후 3년,
어떻게든 버틴다는
생각으로
일하라

세 돌이 다 되어 가도록 걷지를 못해서 찾아온 아이가 있었다. 대학병원 재활의학과에 가서 온갖 검사를 다 해 보았지만 근육이나 뼈에 문제가 있는 것은 아니었다. 그런데도 아이는 조금 걷다 주저앉았고, 특히 계단을 내려가지 못했다. 고민하던 엄마가 혹시나 하는 마음에 소아정신과를 찾아온 거였다.

아이의 엄마는 유학 컨설팅 회사를 운영하고 있었고, 아빠는 대기업에서 잘나가는 연구원이었다. 아이는 도우미 아주머니와 시어머니가 키웠다. 도우미 아주머니는 성격이 무뚝뚝하여 아이 돌보기보다 가사 일에 더 신경을 썼고, 시어머니도 다정다감한 편은 아니었다. 이런 탓에 돌보는 사람이 두

명이나 있는데도 아이는 하루 종일 혼자 놀았다. 그러다 엄마가 동생을 가졌다. 아이가 전보다 더 보채고 불안해하는 것 같았지만 그러려니 했다. 그런데 엄마가 둘째를 낳고 집에서 몸조리를 하며 큰아이와 생활해 보니 아이가 잘 걷지도 못하고, 말도 또래보다 늦고, 사람들과 눈도 잘 맞추지 않는 게 보였다. 그때서야 뭔가 문제가 있구나 싶어 뒤늦게 여기저기 병원을 찾게 된 것이다.

검사를 해 보니 아이는 극도의 불안 장애였고, 장애를 가지고 태어나지는 않았지만 발달 장애아 수준을 보이고 있었다. 왜 이런 일이 생긴 걸까? 그건 아이의 발달에서 결정적 시기인 '생후 3년'을 놓쳤기 때문이었다. 아이는 생후 3년까지 어떤 양육 환경에서 컸느냐에 따라 평생 가지고 갈 인성과 기능성이 결정된다. 막 태어났을 때 아기의 뇌는 불완전하지만 생후 3년 동안 폭발적인 속도로 성장해 가며 완성에 가깝게 만들어지기 때문이다.

뇌의 성숙 과정은 뇌세포가 신경 물질을 주고받으며 서로 연결되는 과정이다. 갓 태어난 아기의 뇌는 둥둥 떠다니는 약 1000억 개의 뇌세포로 이루어져 있고, 이 뇌세포들은 외부의 자극을 받으면 신경 물질을 분비하며 한 개의 뇌세포는 1000개의 다른 뇌세포와 연결된다. 이렇게 연결된 신경 세포 회로가 많아져야 그것이 곧 지능 발달, 정서 발달, 신체 발달로 이어진다. 반면 자극을 받지 않은 부분에 해당하는 뇌세포들은 연결 회로를 만들지 못하고, 뇌는 그 기능을 발달시키지 못하게 된다.

이 과정의 대부분이 생후 3년 안에 일어난다. 갓 태어난 아기를 생각해 보자. 손발만 버둥거리고 울기만 할 뿐, 움직이지도 못한다. 말로 자신을 표현하는 것도 불가능하고, 감정도 '쾌'와 '불쾌'의 두 가지밖에 없다. 하지만 세 돌이 된 아이는 걷고 뛰어다니는 것은 물론, 자기가 원하는 것을 말로 표현한다. 즐거움, 기쁨, 슬픔, 화, 무서움 등 여러 가지 감정을 느낀다. 사물의 이름을 알고, 간단한 셈도 할 수 있다. 생후 3년 동안 실로 놀라운 일이 일어나는 것이다. 모든 전문가들이 '생후 3년'을 그토록 강조하는 이유가 거기에 있다.

무엇보다 애착이 중요하다

그럼 3년 동안 이 과정이 자연스럽고 정상적으로 일어나기 위해서 무엇이 필요할까? 무엇보다 '아이의 욕구에 잘 반응해 주기'가 절대적으로 필요하다. 아이의 신체적 욕구, 정서적 욕구, 인지적 욕구가 무엇인지 잘 관찰하고, 거기에 맞게 반응해 주기만 하면 아이는 욕구를 충족시켜 주는 사람과 '애착'을 형성한다. 이 애착을 토대로 아이는 세상을 탐험해 간다. 그러면서 얻은 정보를 뇌에 기억시키면서 회로를 만들어가는 것이다.

이때 형성되는 뇌의 기능이 정서와 사회성이다. 즉 욕구가 충족되면 아이는 만족감을 느끼며 그때의 긍정적인 정서를 기억한다. 울거나 손을 움직이거나 웃었을 때 누군가가 달래 주거나 먹을 것이나 장난감을 주거나 함께 웃어 주면 아이는 안정감과 함께 생존의 욕구가 충족된다. 그러나 욕구가 충족되지 않거나, 어떤 행동을 했을 때 반응이 없었다면 아이는 좌절감과 무력감을 느낀다.

친절하고 상냥한 엄마가 갑자기 무표정한 얼굴을 했을 때 엄마를 웃게 하기 위해서 아이가 얼마나 노력하는지 아는가? 그 시도가 실패로 돌아갔을 때, 결국 엄마와 함께 웃지 못했을 때 아이가 느끼는 부정적인 감정은 뇌에 오래오래 기억된다. 즉 나는 혼자이며, 나의 욕구는 충족될 만한 것이 아니며, 충족될 수도 없다는 부정적인 정서를 뇌에 프로그램화 하는 것이다.

이처럼 애착이 잘 형성되지 않은 '불안정 애착' 상태로 자라게 되면, 이 아이들은 5~6세가 되어서도 많은 스킨십을 요구하고, 엄마 곁에서 떨어지지 않으려 한다. 또한 각종 행동장애를 일으킬 위험도 높다. 다른 사람에게 적대적인 태도를 보이고, 의사 표현이 미숙해서 칭얼대고, 스스로 분노를 조절하지 못하는 '분노 발작'을 보이기도 한다. 공격성을 통제하지 못해 폭력적인 아이가 될 수도 있다.

애착이 불안정한 아이는 안정적으로 애착을 형성한 아이와 달리 적응 능력도 떨어진다. 낯선 장소나 상황에 부딪혔을 때 적응하기 힘들어 하기 때문에 학교생활에서 어려움을 겪는 경우가 많다. 또한 청소년기가 되면 엄마에게 늘 반항하고 싶은 충동을 느끼게 되고 수동적이며 의존적인 특성을 보인다. 또래들과 잘 어울리지도 못한다. 성인이 되어서도 자존감이 낮고 사회생활에 잘 적응하지 못하는 등 애착의 문제가 평생 이어진다.

총력전이 필요할 때

일하는 엄마들은 아이와 함께하는 시간이 절대적으로 부족하다. 그래도 출산 후 3년 동안만큼은 총력전을 펴서 아이를 돌보는 시스템을 만들어야 한다. 엄마 대신 아이를 일대일로 안전하게 돌보고, 아이의 행동을 잘 관찰하여 아이의 욕구가 무엇인지 파악해 적절하게 대응해 주는 사람을 두세 명은 반드시 확보해야 한다. 친정어머니나 시어머니여도 좋고, 다정다감한 성격의 도우미 아주머니여도 좋다. 그리고 가능하다면 아이를 잘 돌볼 수 있도록 잠깐이라도 근무 환경을 조정하는 것이 좋다. 육아휴직, 탄력근무제 등의 제도를 최대한 활용해야 한다. 그리고 이 시기에는 돈을 더 많이 벌겠다거나 사회적인 성취를 이루겠다는 목표는 일단 수정해야 한다.

일하는 엄마가 이 시기에 아이를 데리고 나를 찾아오면 나는 먼저 아이를 둘러싼 주변 환경이 아이가 애착을 만들 만한 수준인지 점검한다. 주 양육자가 할머니라면 할머니도 만나고, 아빠도 만나고, 도우미도 만난다. 그리고 아이를 데리고 놀아 보게 한다. 아이를 어떻게 대하는지, 아이의 말과 행동에 얼마나 신속하고 예민하게 반응하는지를 보면 아이의 애착 수준을 짐작할 수 있기 때문이다. 반대로 아이가 누구와 가장 잘 노는가, 그리고 누구와 놀 때 놀이 수준이 가장 많이 확장되는가, 누구와 말을 제일 많이 하고 표정이 제일 밝은가 역시 함께 체크한다. 만약 아이가 엄마보다 아빠와 있는 걸 좋아하고 기뻐한다면 아빠와 노는 시간을 늘리라고 권한다. 엄마가 애착 행동을 잘 하지 못하면 노는 모습을 비디오로 찍어서 어떤 점이 문제인지 일러 주고 노는 방법을 알려 준다. 할머니나 도우미도 마찬가지다.

만약 도우미나 할머니가 교육에 협조적이지 않거나 잘 고쳐지지 않으면 그 사람에게는 더 이상 아이를 맡기지 말아야 한다. 이렇게 아이를 둘러싼 환경을 바꾸면 특별한 언어 치료, 놀이 치료 없이도 저절로 문제 행동이 사라지고 말문이 트이는 경우가 많다.

위의 엄마는 생후 3년을 완전히 놓쳤고, 아이의 상태가 다소 심각했기 때문에 아이에게 할 수 있는 모든 방법을 최대한 동원해야 했다. 엄마는 일의 비중을 대폭 줄이고 애착을 형성하기 위한 교육까지 받으며 많은 노력을 했다. 도우미 아주머니도 아이와 적극적으로 놀아 줄 수 있는 사람으로 교체했다. 엄마와 도우미 아주머니가 함께 아이에게 매달려 세심하게 돌봐 주고 받아 주자 2년 정도 시간이 지난 뒤에는 유치원에도 잘 적응하고 잘 뛰고, 잘 웃는 아이로 변했다.

엄마가 잊지 말아야 할 원칙 두 가지

이렇게 쓰고 보니 일하는 엄마들이 아이가 애착을 잘 형성하지 못할까 봐 너무 겁먹는 것은 아닌지 걱정이 된다. 어떤 독자는 '그래서 일을 하라는 거야, 말라는 거야?' 하고 볼멘소리를 할지도 모르겠다. 내 말은 너무 걱정하지도 말고, 마냥 '잘 되겠지' 하며 안심해서도 안 된다는 것이다. 딱 두 가지만 기억하면 좋겠다.

첫째, 이 시기에 삶에서 일어나는 모든 일 가운데 1순위는 '아이'여야 한다. 직장도, 남편도, 시댁도, 친정도 이 시기에는 1순위가 되도록 내버려 두면 안 된다. 직장인, 배우자, 며느리, 딸의 역할을 수행하지 말라는 것이 아니라, 그 역할을 수행하느라 아이에게 피해가 가고 있다는 판단이 들면 과감하고 단호하게 '엄마'로 돌아와야 한다는 이야기이다. 참으로 다행스러운 것은 최소 만 3년, 넉넉잡아 네 돌까지 아이에게 힘을 쏟고 나면 그다음이 훨씬 수월해진다. 그때부터 아이들은 엄마가 없어도 많이 힘들어하지 않고, "엄마, 회사 잘 다녀오세요"라고 인사한다. 또 유치원도 한 달 정도면 너끈히 적응하고 다른 집에 오래 맡겨도 무리가 없다. 초등학교 고학년이 되면 아이는 오히려 엄마가 직장에 나가지 않을까 봐 걱정한다. 엄마 없이도 충분히 잘 지내고 있는데, 엄마가 집에 있으면 잔소리만 더 하게 될 거라고 생각하기 때문이다.

둘째, 아이가 안정적인 애착을 형성할 대상이 꼭 엄마 1인일 필요는 없다. 오히려 주 양육자가 두세 명인 편이 아이가 성장하고 발달하기에 훨씬 유리한 환경이라는 것을 기억하라. 그러면 아무 도움도 되지 않는 죄책감을 가지는 대신 아이를 돌보기 위한 '시스템'을 누구로, 어떻게 구축할 것인지만 신경 쓰면 된다. 예상하지 못한 일이 생겼을 때 '직장을 그만둘까?', '나 때문에 그런가 보다'라는 식으로 생각하지 않기 위해서는 '시스템적'으로 육아에 접근하는 것이 무엇보다 중요하다.

이 두 가지 관점을 항상 염두에 둔다면 아이의 발달에서 가장 중요한 3년도 놓치지 않으면서 일도 할 수 있는 지혜를 터득해 나갈 것이며, 결국 성공과 행복을 모두 가지는 길로 나아갈 수 있을 것이다.

아이가
보내는
위험신호를
알아차려라

조카들 중 다른 아이들보다 약간 예민한 기질을 가진 아이가 있다. 엄마와 애착을 잘 형성했지만 새로운 환경에 적응하는 데 시간이 조금 더 걸리는 아이다. 어느 날 가족 모임이 있어서 오랜만에 만났는데, 몇 달 전만 해도 종달새처럼 재잘대던 아이가 말도 안 하고 행동도 퇴행한 것처럼 보였다.

"우리 영민이한테 무슨 일이 있었나? 얘가 말이 좀 없네. 엄마가 잘 살펴봐."

혹시나 하는 마음에 올케에게 살짝 한마디를 하고 넘어갔다. 얼마 뒤 큰아이가 학교 입학을 앞두고 불안해하는 것 같다며 올케가 작은아이까지 데리고 병원에 찾아왔다. 큰아이를 상담하는 동안 내 방에 있던 놀이 치료용 장난감을 정신없이 가지고 놀던 작은아이는 상담이 끝나고 엄마가 집에 가자고 하자 갑자기 더 있겠다며 울고 불고 떼를 썼다. 나는 작은 조카가 그렇게 우는 모습은 처음 보았다. 올케도 놀라고 당황해서 어쩔 줄을 몰랐다. 처음 있는 일이라고 했다.

나중에 이야기를 들어 보니 엄마가 학교 입학을 앞두고 불안해하는 큰딸에게 에너지를 쏟느라 작은아이를 소홀히 한 모양이었다. 아이는 별 내색을 하진 않았지만, 그게 큰 스트레스가 되어 쌓이고 있었던 것이다. 그제서야 허둥지둥 그간 별일은 없었는지 확인해 보니 유치원에서 친구와 싸워서 맞은 일도 있었다고 했다. 보통 같으면 엄마에게 말을 했을 텐데, 엄마가 언니 때문에 긴장하고 있는 상태라 밖에서 있던 일을 말하지 않았던 거였다. 외면당하고 억울한 감정들이 쌓이다가 내 치료실에 와서 폭발하고 만 것이다. 결국 심리 치료를 해야 했고, 원래의 수다스럽고 즐거운 아이로 돌아오기까지 6개월이 걸렸다.

이러한 일은 엄마가 직장에 다니지 않아도 흔하게 벌어지는 일이며, 이때 얼마나 세심하게 알아채고 조치를 취하느냐에 따라 아이의 건강한 성장이 좌우된다. 한참 예민하게 성장하고 있는 아이들은 조금만 돌봄이 소홀해지면 반드시 표시가 난다. 몸이 아프기도 하고, 마음이 아프기도 한다. 그런데 그런 신호를 엄마가 눈치채지 못하고 "얘가 요새 왜 이래" 하며 무심히 넘어가면 문제가 커질 수 있다.

조카의 경우도 '아이가 오늘따라 떼를 쓴다'라고만 생각하고 넘어갔더라면 회복되는 데 시간이 더 걸렸을 것이다. 만약 엄마가 둔하거나 우울하여 적당한 조치를 취하지 못했다면 문제가 더 커져 초등 고학년이나 사춘기 시기, 혹은 어른이 되었을 때 더 비틀린 형태의 문제 행동으로 나타났을지도 모른다.

그래서 아이를 키우는 엄마들은 반드시 아이의 말과 행동 속에 숨은 진짜 감정이 무엇인지 알아내는 데 신경을 곤두세우고 있어야 한다.

다음은 아이가 보내는 위험신호들이다. 아이가 다음과 같은 행동을 보이면 평소와 다른 문제가 일어나고 있다는 신호이므로 아이가 지금 어떤 마음과 생각을 가지고 있는지 적극적으로 알아보아야 한다.

▶돌 전후 아이가 아무에게나 잘 간다

어른들은 '순한' 아이를 좋아한다. 안아 달라고 보채지 않고, 그냥 순하게 뒹굴뒹굴 놀고 아무에게나 덥석덥석 안기는 아이를 보고 '성격 순하고 좋다'고 예뻐한다. 엄마나 할머니 손에서 떨어지기만 해도 벼락처럼 울어 대는 아이는 '손 탄

아기'라서 예민하고 까다롭다고 여긴다. 그런데 발달심리학적으로 보면 이 시기에 너무 순해서 아무에게나 덥석 안기는 아이는 오히려 애착이 잘 형성되지 않은 것이 아닌지 의심해 봐야 한다.

아기들은 백일쯤 되면 주 양육자의 얼굴을 알아보고 웃는다. 그러다가 6개월쯤 되면 주 양육자와 낯선 사람을 구별한다. 그즈음 아기가 낯을 가리고 '엄마 껌딱지', '할머니 껌딱지'로 사는 것은 너무나 정상적인 발달 과정 중 하나다. 이 시기 아기가 누구에게나 구분 없이 안긴다면 주 양육자와의 애착이 잘 형성되지 않았을 가능성이 있다.

아이를 너무 이른 시기에 보육 기관에 맡기다 보니 여러 사람이 돌봐 주는 환경에 일찍 노출이 되어서 낯가림이 적을 가능성도 있다. 엄마와의 애착이 생기기도 전에 어린이집의 원장, 보모 선생님 등 여러 사람들과 만나다 보니 엄마가 특별한 존재로 인식이 되지 않아 그럴 수도 있다는 것이다. 그럴 때는 아이가 어린이집에서 집으로 돌아왔을 때 안아 주고 놀아 주는 시간을 충분히 가지면 좋아진다.

낯을 가리지 않는 아이들 중에 간혹 자폐증이 있는 아이들이 있다. 이 아이들은 사람과 교감을 할 수 없기 때문에 사회성이 떨어지고 타인에 대한 인식이 부족해 낯을 가리지 않는다. 또 지능이 떨어져도 엄마와 다른 사람을 제대로 구별할 만큼 뇌가 발달하지 못해 낯가림을 늦게 하거나 덜 한다. 따라서 정성껏 보살피고 아이와 시간을 충분히 보냈는데도 8개월부터 늦어도 돌까지 낯가림이 전혀 생기지 않는다면 더 늦기 전에 아이의 발달에 대해 전문적인 진단을 받아 보는 게 안전하다.

▶2세 미만의 아이가 직장에서 돌아온 엄마를 지나치게 반긴다

일하는 엄마들은 어린이집이든, 도우미 아주머니든 대리 양육자에게 아이를 맡길 수밖에 없다. 하루 종일 직장에 있다가 퇴근 후 아이를 보았을 때 아이가 열 일 제치고 엄마를 반기면서 폭 안기면 '아, 내가 엄마구나'라는 생각에 뿌듯함을 느낄 것이다. 하지만 아이가 너무 어릴 때 이런 행동을 보이거나, 엄마를 지나치게 반긴다면 한번쯤 '아이가 대리 양육자와 깊은 애착을 못 느끼나?' 하고 생각해 보아야 한다.

아이는 생후 6개월간 주 양육자와 애착을 형성한다. 이때 엄마가 아닌 다른 사람이 아이를 키워 준다면 그 사람과 애착을 형성하는 것이 당연하다. 만약 대리 양육자가 있는데도 아이가 엄마만 보면 안겨서 떠나지 않으려고 한다면, 대리 양육자의 양육 방법에 문제가 있는 건 아닌지 살피고 아이와의 관계를 꼭 확인해야 한다.

오히려 그 나이 때 아이는 엄마가 와도 주 양육자와 떨어지기 싫어서 칭얼대다가 조금 시간이 지난 다음에 엄마에게 오는 것이 맞다. 이때 엄마는 서운해 할 필요 없이 '아, 우리 아이가 잘 자라고 있구나'라고 생각하면 된다.

▶갑자기 유치원을 거부한다

둘째를 낳느라고 3개월 출산휴가를 받고 집에서 쉬게 된 엄마가 있었다. 산후 조리도 하면서 모처럼 네 살 된 큰아이와도 친밀한 시간을 보냈는데, 엄마가 다시 출근하자 큰아이가 갑자기 유치원에 가기를 거부하기 시작했다. 겨우 달래서 유치원에 가도 말을 하지 않았다.

이런 경우 큰아이의 증상을 단순히 '둘째를 본 아픔'으로만 보면 안 된다. 그동안 정서적인 교감을 잘 하지 못하는 환경에서 자라다가 잠깐 엄마 품 안에서 좋은 경험을 했는데, 그것이 다시 좌절된 데 따른 우울증을 겪는 것일 수 있다.

이렇게 아이가 갑자기 유치원이나 그동안의 양육 시스템을 거부한다면 그동안 아이를 둘러싼 양육 시스템이 온전치 않았거나 엄마가 모르는 무슨 변화가 생겼다는 직접적인 신호로 보아야 한다. '조금 지나면 낫겠지' 하고 지나가다가는 나중에 더 큰 아픔이 찾아올 수 있으므로 적극적으로 시스템을 점검하고 바꾸는 대처가 필요하다.

▶말을 잘 하지 않는다

만 3세 이전까지 별 문제 없이 애착이 형성되어 온 아이들은 유치원에서 돌아오면 마치 스파이처럼 친구와 있었던 일, 선생님의 행동, 자신의 기분 등 시시콜콜한 것까지 모두 엄마에게 아주 자세하게 이야기를 한다. 4~6세는 '스토리텔링' 능력이 가장 최고조에 달하며 그것을 즐기는 나이이기 때문이다. 스토리텔링 능력, 즉 이야기를 할 줄 알게 된다는 것은 자신의 주관적인 경험을 상대와 공유하겠다는 적극적인 의사소통 행동이다.

만약 아이가 유치원에서 돌아와서 이런 이야기를 잘 하지 않는다면 '내가 우리 아이랑 사이가 좋지 않은가?', '우리 아이가 유치원에서 정서적으로 안정감을 느끼지 못하나?'를 점검해 보아야 한다. 때로 스토리텔링 능력 자체가 떨어지는 아이도 있다. 기억 용량이 작거나 이야기로 만들기 위한 정보 처리 능력이 부족한 경우다. 이때는 아이의 언어 발달 상황을 점검하고 언어 발달을 도와주기 위한 방법을 모색해야 한다.

▶갑자기 장난감에 집착한다

아이들은 자신의 기분이 어떤지, 뭐가 부족한지, 무엇을 원하는지를 잘 모르며, 안다고 해도 말로 정확하게 표현하지 못한다. 이때 장난감은 아이가 표현하지 못한 감정을 대신 표현하는 도구가 된다. 아동 성폭력 사건에서 아이의 진술을 장난감을 통해 얻어낼 정도로 아이는 장난감과의 '안전한' 관계 속에서 자신을 표현한다. 그래서 심리적으로 풀어야 할 문제가 있는 아이들은 특정 장난감에 유난히 집착하는 경우가 많다. 만약에 아이가 예전보다 부쩍 장난감에 집착하거나 특정 놀이를 이상한 방법으로 반복한다면 혹시 도움이 필요하다는 신호가 아닌지 확인해야 한다.

특히 혼자 중얼거리고 놀면서 자동차 바퀴나 블록만 좋아하는 것은 자폐성 장애나 반응성 애착 장애의 한 증상이기도 하므로 아이가 어떤 장난감을 어떤 방법으로 가지고 노는지 엄마가 잘 살필 필요가 있다.

▶친구에게 지나치게 매달린다

어린이집이나 유치원에 다니기 시작하면서 친구에게 유난히 집착하는 아이들이 있다. 보통 외동아이가 그럴 거라고 생각하지만, 꼭 그렇지는 않다. 사회성이 좋은 부모 밑에서 자라난 외동아이는 친구와도 원만하게 잘 놀고, 집에 와서 엄마를 만나면 그것도 좋기 때문에 친구와 즐겁게 놀았던 것은 또 금방 잊어버린다.

친구에 집착하는 아이들은 집에 있는 것이 재미가 없어서 그렇다. 집에서 엄마가 책 읽어라, 시끄럽게 놀지 마라 지시

만 하고 밥 차려 주기, 씻겨 주기 등 꼭 필요한 것을 해 주는 데만 신경을 쓰면 아이가 집에서 편안하고 행복한 느낌을 가질 수 없다.

집에서 심심하다고 노래를 부르고, 친구에게 집착하고, 집에 안 들어오고 밖에서 놀려고만 한다면 아이와 엄마가 함께하는 활동을 늘려야 한다. 요리할 때도 아이와 함께하고, 청소도 함께하고, 사소한 일이라도 엄마의 생각을 시시콜콜히 말해 주면 아이는 집에서도 엄마와 함께 얼마든지 재미있게 지낼 수 있다는 사실을 깨닫게 된다.

아이를
맡기기 전에
알아야 할 것들

　달콤했던 출산휴가가 끝나고 복직을 한다. 그때부터 아이는 육아 도우미든, 할머니든, 어린이집이든 복수의 주 양육자와 관계를 맺게 된다. 드디어 일하는 엄마의 육아 전쟁이 본격적으로 시작되는 것이다.

　현실적으로 일하는 엄마가 아이를 맡길 수 있는 곳은 아이의 친할머니 또는 외할머니, 전일제 또는 출퇴근 육아 도우미, 어린이집 이렇게 크게 세 군데이다. 이 중에서 어디에 맡기는 것이 가장 좋다고 일률적으로 말할 수는 없다. 각 가정마다 처한 상황이 다를 것이기 때문이다. 하지만 어떤 상황에서건 아이를 맡기는 엄마로서 가장 우선적으로 생각해야 할 것은 다음과 같다.

첫째, 우리 아이 하나만을 위한 돌봄이 가능한지를 보아야
한다.

아이들의 성장 발달이 비슷해지는 것은 청소년기부터다.
그 이전까지 성장 발달의 곡선은 사실상 개개인에 따라 완전
히 다른 모양을 보인다. 우리는 '평균', '정상'이라는 척도를
가지고는 있지만 그것은 기계적인 평균일 뿐 개개인에게 의
미가 있는 수치는 아니다. 특히 모든 발달의 기본을 이루는
정서 발달은 타고난 기질과 환경의 영향을 가장 많이 받으므
로 개별적으로 접근하지 않으면 태어날 때부터 가지고 있던
능력을 온전히 발달시키지 못할 수도 있다.

보통 할머니에게 맡기면 우리 아이만 봐 주므로 '개별화'
가 부족해서 오는 문제는 없을 것으로 기대한다. 하지만 할머
니가 원래 가지고 있던 생활 습관으로 인해 활동적인 아이에
게 TV만 보여 준다거나 아이의 말과 행동에 잘 반응하지 못
한다면 오히려 어린이집에 맡기는 것이 나은 경우도 있다. 농
사짓는 시골에 아이를 맡기는 것도 좋지 않다. 농사는 정말
많은 일손이 필요한 일이라, 오히려 아이가 방치될 수 있다.

즉 맡아 줄 수 있는 '사람'만 찾지 말고 아이의 기질과 양육
자의 성품, 환경 사이의 궁합을 꼼꼼하게 체크하고 돌봄의 질
을 따져 보아야 한다.

둘째, 아이를 돌볼 수 있는 시스템을 하나 이상 생각해 두어

야 한다.

육아 도우미에게 무슨 일이 생기면 아이를 누가 봐 줄 것인가, 어린이집에 보내는데 감기나 수두 같은 병에 걸려 보내지 못할 경우가 생기면 어떻게 할 것인가 등 예상치 못한 일이 일어날 상황에 대비하여 백 커버 시스템, 즉 대안을 항상 머릿속에 담고 있어야 한다. 이런 시스템을 꼼꼼하게 마련할수록 일하면서 아이 키우기가 훨씬 수월해진다. 시댁과 친정 부모님, 옆집 엄마, 시누이나 올케 또는 형제자매, 시간제 도우미, 어린이집 선생님 등등 급한 상황에서 언제든 아이를 봐 줄 수 있는 사람을 머릿속에 목록화해 두고, 평소에 그들과의 연결 고리를 잘 마련해 놓아라. 이 두 가지를 염두에 둔다면 어떤 상황에서도 우왕좌왕하지 않고 아이를 잘 맡길 수 있다.

마지막으로 가능하다면 아이에게 '놀이 선생'을 따로 만들어 주길 바란다. 특히 아이가 만 네 살이 지나면 꼭 필요한 것이 신 나게 놀아 줄 수 있는 사람이다. 이 시기는 아이가 원하는 '놀이'가 다양해진다. 그러므로 평소에 아이를 돌봐 주는 주 양육자 외에 아이의 요구를 충족시켜 줄 수 있는 사람이 있으면 더 좋다. 아빠가 그 역할을 해 주면 가장 좋겠지만 여의치 않다면 주변에서 함께 놀아 줄 수 있는 사람을 구하는 것이 좋다. 나는 당시 대학생이던 나의 남동생에게 부탁해 경모의 놀이 선생 역할을 하게 했다. 한두 달에 한 번씩 와서 공원이나 야구장에 데리고 가고, 스케이트도 함께 타면서 그 시간만큼은 아이가 놀이에 흠뻑 젖어들도록 해 주면 좋다. 마음 놓고 함께 놀 수 있는 사람이 있다는 사실이 아이의 정서 발달에 도움이 되는 것은 물론이고, 엄마 아빠가 잠깐이라도 휴식을 취할 수 있다는 장점도 있다.

【 시댁이나 친정에 맡길 때 】

▶묵은 감정에서 자유로울 수 있는가를 점검하라

혈연으로는 가장 가깝지만 감정적으로는 가장 멀 수 있는 관계가 바로 시댁과 친정이다. 손주에게 무조건적인 애정을 쏟는 부모님을 지켜보면서 엄마 아빠는 정작 자신의 어린 시절이 떠올라 괴로울 수도 있다. 해결되지 않은 과거의 감정이 다시 떠오르고 '왜 나한테는 저렇게 하지 않았나'라는 원망이 들어 괴로워지는 것이다. 특히 엄마들이 이런 갈등을 많이 겪게 되는데, 친정어머니와 풀지 못한 감정이 아이를 통해 다시 반복될 수 있다.

나의 경우 친정어머니의 과잉보호 속에서 자랐다. 오냐오냐 다 받아 주며 공주처럼 자랐다는 게 아니라, 해서는 안 되는 일과 반드시 해야 하는 일을 정해 놓으시고 엄격하게 통제하셨다는 말이다. 그런데 나에게는 그렇게 엄격했던 엄마가 손자에게는 무조건적인 애정을 쏟아부으며 잘해 주는 것을 보자 무의식적으로 화가 났다. '나한테 저렇게 해 주셨다면 좋았을 텐데'하며 왠지 억울한 기분이 들기도 했다. 처음부터 육아를 부탁할 생각은 없었지만 이런 복잡한 감정이 한꺼번에 올라오는 것을 보고 '아, 절대 엄마에게 아이를 맡기면 안 되겠구나'하고 깨달았다. 나도 괴롭고, 친정어머니도 괴로운 가운데 아이가 희생될 수 있기 때문이다.

친정에 아이를 맡기기로 결심했다면 이런 문제가 생길 수 있다는 점을 반드시 염두에 두고, 상처받지 않고 문제를 다룰 수 있을지 돌아보아야 한다. 그 문제를 뛰어넘을 수 있다면 친정은 가장 편한 마음으로 아이를 맡길 수 있는 곳이 된다.

시댁에 맡기는 경우, 친정어머니와 겪는 감정적인 갈등은 없는 대신 아이를 시댁 기준에 맞추어 키워야 할 수도 있다. 시어머니에게 육아에 대한 의견을 말하는 것은 우리나라의 일반적인 정서상 쉬운 일은 아니다. 시어머니와 며느리가 얼마나 열린 마음으로 육아에 대한 의견을 나눌 수 있는지를 점검할 필요가 있다.

▶육아에 대한 기준이 다름을 인정하고 사소한 것은 존중하라

요즘 엄마들은 참고할 육아 서적도 많고, 공부를 많이 한 상태에서 아이를 키우기 때문에 나름대로 확고한 육아 원칙을 가지고 있다. 그런데 우리 윗세대 엄마들은 그렇지 못했다. 물론 풍부한 경험에서 온 노하우와 여유를 가지고 있지만 과학적으로 증명되지 않았거나, 잘못된 상식으로 아이를 키우기도 하기 때문에 요즘 엄마들이 보기에는 마땅치 않은 부분이 있다. 이렇게 육아에 대한 기준이 서로 다르다 보니 아이를 맡겼다가 감정이 상하는 경우가 많고 아이는 아이대로 혼란을 겪기도 한다.

특히 우리의 어머니 세대는 지금보다 풍족하지 않은 환경 속에서 살아오신 분들이라 '먹는 것'에 대한 집착이 상상 이상이다. 사실 그분들에게 아이를 키운다는 것은 '잘 놀아 주는 것'이 아니라 '잘 먹이는 것'이라고 해도 과언이 아니다. 이렇게 어쩔 수 없는 부분들은 먼저 인정하고 들어가야 한다. 잘하고 잘못하고, 옳고 그름의 문제가 아니라 그렇게 다른 것이 현실임을 받아들여야 한다는 이야기다.

할머니에게 아이를 맡긴 엄마들은 아이가 밥을 안 먹을 때 따라다니면서 떠먹여 주는 것, 잘 씻기지 않는 것, 허름하게 옷을 입히는 것처럼 사소한 것들은 마음에 안 들어도 꾹 참고 넘어갈 필요가 있다. 그건 아무리 이야기하고 설득해도 부모님 세대에서는 잘 받아들여지지 않는 부분이며, 아이가 안정적인 애착을 형성하는 데 크게 방해되는 행동이 아니기 때문이다.

▶꼭 지켜야 할 원칙은 정확하고 간곡하게 말씀드려라

처음에 아이를 시댁이나 친정에 맡길 때 어떻게 아이를 돌봐 주는지 며칠만이라도 꼼꼼히 살펴보고 엄마가 보기에 꼭 지켜야 할 육아 원칙은 먼저 말씀드리는 것이 좋다. 아이를 돌봐 주시는 것은 감사한 일이지만 그래도 아이를 책임져야 할 사람은 엄마이기 때문이다. 아이를 키울 때 반드시 지켜야 한다고 생각하는 사항이 있다면 처음에 정확하고 간곡하게 말씀을 드려야 갈등이 반복되지 않는다.

요즘은 자녀 교육과 관련된 강연을 하면 할머니 할아버지도 제법 오신다. 그때 내가 할머니들에게 특히 초점을 맞추어서 '이것만은 하지 마세요'라고 당부하는 이야기가 있다.

첫째, 단 것을 너무 많이 주지 말 것. 사탕은 뇌의 발달과 집중력, 비만 등에 직접적인 영향을 준다. 특히 과도한 당분 섭취가 ADHD와 연관된다는 연구는 너무도 많다. 둘째, 아이를 볼 때 TV 틀어 놓지 말 것. TV는 만 2세까지는 아예 안 보는 것이 좋다. 뇌세포가 한참 형성될 시기에 영상 이미지에 많이 노출되면 지능이 발달할 수 없다. 특히 요즘은 아이가 스마트폰, 태블릿 PC와 같은 디지털 기기에 노출되는 것도 조심해야 한다. 셋째, 아이에게 용돈을 넉넉하게 주지 말 것. 아이가 돈을 가지고 있으면 유해한 자극에서 보호하기 힘들고, 물질에 집착할 가능성이 있다.

이렇게 꼭 지켜야 할 원칙을 '증거'를 곁들여서 정확하고 부드럽게 말씀드리고, 나머지 사소한 일은 할머니의 방식을 존중하면 양육에서 오는 마찰을 최대한 줄일 수 있다.

▶정당한 보상은 필수다

보통 시댁이나 친정에서 아이를 키워 주면 육아 도우미보다 적은 비용으로 안전하게 아이를 맡길 수 있다고 생각한다. 그러나 반드시 육아 도우미에게 주는 만큼의 보상이 있어야 한다. 어르신들이 누구보다 손자를 예뻐하시지만 몸이 힘든 것은 사실이다. 가족이라고 해도 현실적으로 어느 정도의 현금을 보상으로 드리는 것이 맞다. 그래야 아이를 맡기는 엄마도 신세를 진다는 미안함을 덜고 친정이나 시댁을 대할 수 있고, 함께 책임을 나눈다는 느낌을 가질 수 있다.

▶할머니를 도와줄 사람이 따로 있으면 좋다

할머니가 아이를 볼 때 가장 힘든 시기는 아이가 돌이 지나고 막 뛰어다닐 때다. 젊은 엄마에게도 의사소통이 제대로 되지 않는 아이를 하루 종일 쫓아다니며 돌보는 것은 엄청난 노동이다. 아무리 아이가 예뻐도 할머니라면 지칠 수밖에 없다. 만약 가능하다면 이 시기에 할머니를 도와줄 시스템을 보충하는 것이 좋다. 살림을 도와줄 도우미를 일주일에 한두 번

씩이라도 불러서 가사 일을 줄이거나, 잠깐이라도 시간제 육아 도우미를 쓰는 것이 좋다. 그러면 할머니도 한숨 돌리고 아이도 놀고 싶은 욕구를 충족시킬 수 있다.

▶일주일에 한 번 아이를 만나는 경우, 아이를 데려오지 마라

아이가 너무 어릴 때는 친정이나 시댁에 아이를 맡겨 놓고 주말에만 아이를 데려오는 경우가 있다. 이럴 때 나는 아이를 데려오기보다는 거기서 자고 오는 것을 권한다.

애착이란 '좋다'는 감정 이전에 '안전하다'는 느낌이다. 할아버지 할머니가 돌보는 아이에게 가장 안전한 애착 대상은 부모가 아닐 수 있다. 일주일 내내 할머니 집에서 잘 놀았는데 주말에 엄마가 와서 데리고 가면 아이는 오히려 불안한 감정을 느낀다. 일주일에 한 번 오는 '엄마 집'은 낯선 공간이라 안전함을 느끼지 못하기 때문이다. 만약 아이를 꼭 데려와야 한다면 늘 가지고 자던 이불이나 인형 등을 챙겨 와서 아이가 '익숙한 공간'이라는 느낌을 가질 수 있게 해야 한다.

【 육아 도우미에게 맡길 때 】

▶육아 도우미 구하는 법

어떤 육아 도우미를 어디서 구할 것인가? 이 문제만 제대로 해결되면 일하는 엄마들은 한결 가벼운 마음으로 직장을 다닐 수 있을 것이다. 어떤 도우미가 좋을지의 문제야말로 사람에 따라, 상황에 따라 다르겠지만 서울에 친정과 시댁이 없고 오직 도우미의 손을 빌어야 했던 나는 도우미를 선택할 때만큼은 유난하더라도 엄격한 기준을 적용했다.

우선 아이를 본 경험이 3년 이상 되었을 것, 가족 중에 아픈 사람이 없을 것, 자녀 중에 한 명은 대학에 보내 보았을 것. 이런 조건을 들고 여러 명을 만나 보았다. 만 원 정도 교통비를 드리고 내가 원하는 시간에 면접을 잡았고, 충분히 시간을 두고 어떤 사람인지 파악할 수 있도록 이야기를 나누었다. 내가 원하는 사람을 구하기 위해 서른 명도 넘게 만나 보았던 것 같다. 이렇게까지 해야 되느냐고 묻는 사람도 있겠지만, 이 정도까지 해야 아이를 믿고 맡길 수 있으며 아이의 성장에 치명적인 문제가 발생하는 일을 미연에 방지할 수 있다.

▶ 경계를 명확하게 설정하라

육아 도우미는 통상 '이모'라는 호칭으로 가족의 일부분으로 편입된다. 나이도 아이 엄마보다 많기 때문에 자기중심이 강하지 않은 엄마라면 도우미를 '모시고' 사는 경우도 생긴다. 아이에게 주 양육자가 될 사람이므로 인간적인 존중은 필요하지만 안 되는 일에 대해 명확하게 설명하고 주도권을 잃지 않아야 한다.

나는 미리 상의하지 않은 채 아이를 업고 밖에 나가는 것을 절대적으로 금했다. 내가 모르는 사이에 아이를 데리고 밖에 나가서 내가 아이의 소재를 모르고 있으면 안 된다고 생각했기 때문이었다. 아이를 데리고 잠깐 시장에 다녀오거나 은행에 다녀와야 한다면 미리 나와 의논하게 했다. 이런 원칙을 세우지 않으면 도우미가 개인적인 일을 하느라 아이 보는 일은 가욋일이 되는 상황을 막을 도리가 없다. 그 원칙이 잘 지켜지는지 보려고 옆집 아줌마나 할머니를 만났을 때 "오늘 우리 경모랑 아줌마 보셨어요?" 하고 물어보기도 하고, 때로는 미리 말하지 않고 점심시간에 집에 찾아가 보기도 했다. 병원에서 가까운 곳에 집을 구한 것도 '관제탑'의 역할을 놓치지 않기 위해서였다. 그리고 이런 원칙은 아이를 맡길 때 미리 정확하게 해 두어야 한다.

가끔 아이가 아프거나 내가 병원 일이 많아져서 약속보다 아이를 더 오래 돌보는 경우가 생기면 반드시 물질적으로 보상을 했다. 정당한 노동에 대한 정당한 보상이 없으면 손해 보는 느낌이 들거나 억울할 수 있기 때문이다. 너무 큰돈을 주면 그 뒤로 계속 부담이 되기 때문에 시급을 고려해 적당한 선으로 한정했다.

육아 도우미를 믿고 맡기는 것은 중요하지만, 너무 저자세가 되거나 아이를 키우는 주도권을 잃는 것은 경계해야 한다.

▶생각의 기준이 다르다면 충분히 이해시켜라

육아 도우미 또는 살림 도우미를 둘 때 가장 힘들었던 것 중 하나는 생각의 차이를 어떻게 이해시키고 좁혀 갈 것인가 이다. 특히 위생이나 음식에 관련된 부분은 개인마다 생각이 무척 다르기 때문에 내 기준을 계속 설명해 주면서 이해시켜야 한다.

도우미가 처음 오면 며칠 동안은 내가 먼저 나서서 어떻게 하는지를 보여 주었다. 빨래를 며칠마다 삶는지, 아이 이유식은 어떻게 만드는지, 행주는 얼마나 자주 삶고 바꾸는지, 화장실 청소는 언제 어떻게 하는지 등등을 먼저 보여 주고 거기에 따르도록 했다. 살림이 서툰 젊은 엄마들 중에는 "이모가 더 잘하실 테니까 알아서 해 주세요" 하고 뒤로 물러서는 경우가 많은데, 너무 바쁘면 할 수 없지만 좋지 않은 방법이다. 적어도 아이가 어떤 환경에서 지내고 있는지는 엄마가 알고 있는 것이 좋기 때문이다.

▶아니다 싶으면 뒤도 돌아보지 마라

가끔 아무리 노력해도 자신의 원칙을 고수하는 도우미를 만난다. 그럴 때는 고민하지 말고 과감히 다른 도우미로 바꾸는 것이 낫다. 가족은 아니지만 엄마의 생활에 가장 많은 영향을 미치는 사람 중에 한 명이기 때문에 도우미와 잘 맞지 않는 경우 생각보다 스트레스가 크다. 괜히 끙끙 앓느니 빨리 다른 사람으로 교체해서 안정을 찾는 것이 낫다.

아이를 보는 주 양육자는 바뀌지 않는 것이 제일 좋지만, 생후 6개월까지는 주 양육자가 바뀌어도 아이에게 크게 문제가 되지 않는다. 그 이후라면 양육자 교체 과정에서 엄마가 아이에게 좀 더 신경을 써야 하는 것은 물론이다. 최선을 다해 도우미를 구했다고 해도, 최선의 선택이 이런저런 이유로 좌절되었을 때는 얼른 차선책을 취하는 것이 일이 더 나쁜 방향으로 진행되는 것을 막는 방법이다.

【 어린이집, 유치원 등 보육 기관에 맡길 때 】

▶개별화가 가능한 곳인지를 살펴보라

우리나라는 어린이집, 유치원, 학교를 막론하고 아이를 일반적인 하나의 틀에 맞추는 교육을 한다. 집단주의가 강해 개별화가 잘 이루어지지 않는 것이 한국 교육의 특징이다. '틀에 맞지 않는 아이를 특별히 돌보고 적절하게 이끈다'는 개념을 가진 기관을 찾기가 참 어렵다.

일단 개별화가 잘 되고 있는지 확인할 수 있는 객관적인 기준으로는 어린이집 선생님과 아이들의 비율이 있다. 0~2세 때는 선생님 한 명이 맡는 아이의 수가 최대 다섯 명을 넘지 않게 하는 것이 좋다.

외국의 경우 아이 한 명 한 명의 발달을 존중해 주는 편이라 유치원에서도 틀에 맞춘 교육을 하기보다 아이의 특성을 존중해 준다. 그래서 아이가 독특한 행동을 한다면 어떻게 대처해야 할지 부모가 선생님에게 자문을 구하고 함께 해결책을 모색해 간다. 우리나라는 아직 이렇게 하기 어려운 것이 현실이다. 유치원에서 아이의 특성을 배려해 주지 않는다면 엄마가 선생님에게 아이의 특성을 충분히 설명하고 하나의 잣대로 아이를 대하지 않도록 설득해야 한다.

나도 낮잠 시간에 잠을 자지 않는 경모를 위해 선생님과 충분히 상의를 했다. 아이가 남들과 같은 시간에 잠을 자야 하는 걸 힘들어하고 꼭 잠을 자야 하는 건 아니므로 그 시간에는 따로 다른 선생님이 경모를 봐 주시도록 부탁드렸다. 처음에는 난감해했지만 경모의 특별한 성향을 충분히 설명하고 양해를 구하자 받아들여 주었다. 아이가 많은 시간을 보내는 곳이니 엄마가 최대한 적극적으로 나서야 한다.

▶너무 많이 가르치는 곳은 피하라
엄마들은 많은 교구와 학습 프로그램, 화려한 시설을 갖춘 어린이집에 마음을 뺏기기 쉽다. 하지만 '무엇을 가르치겠다'고 주장하는 내용보다 아이가 안정감을 가질 수 있는 환경인지를 보아야 한다. 따뜻하게 보살펴 주는 교사와 안전한 시설, 그리고 함께 놀 친구들과 장난감만 있으면 학습은 그 속에서 저절로 이루어지기 마련이므로 화려한 학습 프로그램에 집착할 필요가 없다.

▶충분한 적응 기간을 두어라

처음 아이를 맡기고 나올 때 아이가 심하게 울까 봐 아이 몰래 빠져나오는 엄마들이 있는데 그건 아이의 분리 불안을 더 키우는 행동이다. 중요한 것은 아이가 어린이집에 가는 것을 좋아하게 만드는 것이다. 아무리 안정 애착을 가진 아이도 새로운 기관에 적응하기 위해서는 최소한 한 달 정도의 시간이 필요하다. 복직하기 전에 미리 여유 있게 어린이집에 보내거나 일주일이라도 휴가를 내 아이가 적응할 수 있도록 도와주어야 한다.

취학 전
아이를 둔
워킹맘이
기억해야 할 것들

전쟁 같았던 0~3세를 지나고 아이가 4세에 접어들면 엄마는 좀 수월해진다. 미친 듯이 몸을 움직여서 아이를 돌보아야 하는 시기가 지나고, 이제 요령도 부리고 머리도 쓰면서 아이를 돌볼 수 있게 된다.

아이는 어린이집이나 유치원에 적응하면서 나름대로의 사회생활을 시작한다. 또 인지 발달이 시작되는 시기라 글자도 알아가고, 숫자도 하나 둘 깨우치고 노래도 배운다.

그 모습을 보면 엄마들은 슬슬 무엇인가를 가르쳐야 한다는 욕심을 부린다. 특히 이 시기는 아이마다 발달의 편차가 크다. 빠른 아이는 네 돌이 되기 전에 동화책을 줄줄 읽는가 하면, 늦은 아이는 네 돌인데 말도 잘 못한다. 자연히 주변 아이들과 비교를 하게 되며, 이 시기에 부지런히 가르치지 않으면 영영 뒤처질 것만 같은 불안감이 생기기도 한다. 하지만 그것은 모두 '좋은 엄마', '유능한 엄마'로 보이고 싶은 엄마의 욕심일 뿐이다. 아이는 여전히 각자의 성장 발달 곡선에 따라 최선을 다해서 자라는 중이다. 특히 아이와의 절대적인 상호작용 시간이 부족한 일하는 엄마가 갑자기 아이에게 하나라도 더 가르치겠다는 욕심을 내기 시작하면 아이에게도 엄마에게도 불행이 시작된다. 아직 아이는 조금이라도 엄마와 더 놀고 싶어 하고, 안기고 싶어 하기 때문이다.

이 시기에 일하는 엄마가 꼭 알아야 할 두 가지 사항은 다음과 같다.

첫째, 버릇 들이는 데 목숨 걸지 마라.

일하는 엄마들은 아무리 노력해도 기본적으로 죄책감과 불안감을 버리기 어렵다. 더 잘해 주지 못했다는 죄책감, 그래서 혹시 아이가 잘못 자라는 건 아닐까 하는 불안감 말이다. 그래서 아이의 '버릇 들이기'에 심혈을 기울인다. 특히 일하는 엄마는 사회생활을 통해 '조직화'가 몸에 배어 있기 때문에 아이의 행동을 조절하는 프로그램을 만드는 데 선수들이다. 장난감을 가지고 놀고 나면 무조건 정리 정돈을 해야 한다거나, 하루 세 번 양치질을 꼭 해야 한다거나 하는 버릇에 대한 엄격함의 강도가 전업주부보다 높다. 아이들 개개인의 발달 상황은 고려하지 않고 자신이 가진 높은 기준에 따라 아이의 행동을 맞추고 싶어 하는 것이다.

발달이 빠른 여자아이들은 이런 엄마의 요구를 잘 따르기도 하지만 대다수의 아이들은 엄마의 생각대로 행동하지 못한다. 이때 잘못하면 아이의 성격이 반항적이고 공격적으로 변할 수 있다. 그러므로 이 시기에 버릇을 들여야겠다는 생각은 엄마의 욕심일 뿐이라는 사실을 기억하고, 아이가 한두 번 실수하는 것은 관대하게 보아주고 스스로 규칙을 내면화할 때까지 기다려 주어야 한다.

둘째, 가르치고 싶은 욕심을 줄여라.

유치원은 늦어도 2시, 어린이집은 5시 정도면 끝난다. 엄마의 퇴근 시간은 빨라야 7시다. 이 사이에 남는 시간 동안 엄마들은 무엇 하나라도 더 가르치고 싶다. 엄마가 올 때까지 영어나 체육, 미술 같은 과목을 배우고 있으면 아이도 즐거울 것이고 다른 아이에 비해 뒤떨어질 일도 없을 거라고 기대한다.

하지만 아이 입장에서 그 모든 수업은 '일방적으로 주어지는 자극'일 뿐이다. 특히 유치원은 초등학교 입학을 준비하는 기관이라 어린이집보다 일과 시간이 훨씬 빠듯하고 배울 것도 많다. 이런 유치원 수업을 마치고 엄마가 올 때까지 영어, 유아 체육, 태권도, 피아노, 미술 등의 특별 수업을 쉼 없이 받게 되면 아이가 받는 스트레스는 상상 이상이다.

어떤 엄마는 집에 오면 아이가 육아 도우미나 할머니와 TV만 넋 놓고 보고 있기 때문에 어쩔 수 없이 아이를 학원에 보낸다고 말하는데, 끊임없이 학원만 돌아다니는 것보다 차라리 잠깐 쉬는 편이 낫다.

근육은 운동을 하고 난 뒤 쉬는 동안에 성장하는데, 이는 학습에도 해당되는 이야기다. 쉬지 못하고 계속 자극에 노출된 아이는 '배우는 즐거움(joy of learning)'을 알지 못한다. 호기심이 생겨서 배우는 것이 아니라 원하지 않는 자극을 계속 받았기 때문에 수동적인 아이가 되어 컴퓨터게임, TV, 게임기에 집착하는 아이가 될 수 있다. 따라서 무엇인가를 가르치는 데 골몰하지 말고 아이가 편안하게 배우는 즐거움을 알아갈 수 있도록 엄마의 욕심을 조절하는 것이 중요하다.

【 취학 전 아이를 둔 워킹맘이 알아야 할 다섯 가지 】

▶늦게 재우지 마라

통상 우리나라 직장인의 퇴근 시간은 저녁 6시지만 6시 정각이 되자마자 퇴근할 수 있는 곳은 드물다. 그렇다 보니 직장과 집이 아주 가까운 경우라도 집에 오면 7시고, 8시가 넘어서야 집에 오는 엄마들도 많다. 하루 종일 엄마를 기다렸던 아이들은 퇴근한 엄마가 반갑고 엄마도 그런 아이들이 짠해서 저녁 먹고 놀다 보면 10시, 11시가 되는 건 금방이다. 하지만 늦게 자면 아침에 일어나기 힘들고 하루의 시작은 엉망이 된다. 나는 일하는 엄마들을 만나면 9시부터 잠잘 준비를 시작해서 10시가 되기 전에는 아이가 잠들 수 있도록 해야 한다고 강력하게 조언한다.

우선 아이들의 신체 리듬상 일찍 자는 것이 키가 크는 데 도움이 된다. 푹 자고 일어난 아이가 다음 날 좋은 컨디션으로 하루를 시작할 수 있는 것은 당연한 일이다. 또한 아이가 일찍 일어나서 움직이면 시간적으로 여유가 생기기 때문에 허둥지둥하지 않고 함께 아침을 먹고 아이를 데려다 줄 여유가 생긴다.

나의 경우 한참 논문을 준비하거나 해야 할 공부가 많을 때는 저녁 8시부터 잘 수 있는 분위기를 조성하기 시작했다. 그래서 10시 전에 일찍 아이와 함께 잠깐 잠들었다가 12시에 일어나서 내 일을 하고 다시 잠드는 식으로 수면 시간을 조정했다. 가끔 회식 때문에 늦게 귀가했는데 아이들이 씻지도 않고 기다리고 있으면 그냥 재웠다. 늦게 자서 다음 날 생활 리듬이 깨지는 것보다 어쩌다 한 번이니 씻지 않고 자는 게 낫기 때문이다. 이런 습관이 정착되니 주말에도 피곤하다는 이유로 하루 종일 퍼져 있지 않고 아이들과 함께하는 시간을 충분히 만들 수 있어서 좋았다. 간혹 밤에 늦게 퇴근하는 아빠들이 아이 얼굴을 보고 싶다고 깨우는 경우가 있는데 득보다 실이 많으므로 미리 잘 상의를 해 두어야 한다.

▶아이가 아플 때는 과감히 휴가를 써라

아이가 아플 때처럼 일하는 엄마가 괴로운 순간이 있을까? 아픈 아이를 두고 회사에 가야 할 때 엄마는 가장 우울하고 고통스럽다.

이 고통에서 벗어나는 가장 단순한 방법은 아이가 아플 때만큼은 과감하게 휴가를 내 버리는 것이다. 아플 때 엄마가 옆에 있어야 아이는 '내가 힘들면 엄마에게 기댈 수 있구나' 하고 안심한다. 이 경험은 아이가 평생 살아가는 데 큰 힘이 된다. 엄마가 옆에 있다고 갑자기 아픈 게 낫는다거나 뾰족한 수가 생기는 것은 아니지만 엄마가 옆에 있다는 사실만으로도 아이는 안정을 찾는다.

몸이 아프지 않더라도 아이가 갑자기 엄마가 출근하지 못하게 막는다거나, 떼가 많아지거나, 유치원에 가는 것을 즐거워하지 않으면 심리적으로 힘들어하고 있다는 증거다. 이때야말로 아이는 엄마와 함께 있는 절대적인 시간이 필요하다. 평소에 짧은 시간이라도 질적으로 충실하게 상호작용을 해 왔다고 하더라도 절대적인 시간이 부족하면 아이가 엄마의 존재에 대한 허전함을 계속 느낄 수 있다. 나도 아이들이 유난히 떼가 늘었다고 생각될 때는 하루라도 휴가를 내서 아이의 마음을 충분히 달래 주곤 했다.

긴 휴가를 내서 가족끼리 놀러 가는 등 특별한 추억을 만드는 것도 좋겠지만 아이가 어릴 때는 평소 아이에게 특별한 돌봄이 필요할 때를 대비해 휴가 계획을 세우는 것이 더 중요하다는 것을 기억하라.

▶주말에 놀이공원 데려가지 마라

일하는 엄마들은 평소에 아이와 잘 놀아 주지 못하기 때문에 주말이 되면 '특별한' 활동을 계획한다. 그중 가장 자주 찾게 되는 곳이 놀이공원일 것이다. 특히 요즘에는 실내 놀이터, 키즈 카페 등 아이들이 놀 장소가 많아 이런 곳을 방문하는 엄마들이 많다. 화려한 볼거리, 재미있는 놀이 기구에 아이가 즐거워하는 모습을 보는 것은 엄마에게 큰 기쁨이다. 그러나 만 5세 이전에 놀이공원에 너무 자주 가는 것은 별로 권하고 싶지 않다.

이 시기 아이들에게 가장 필요한 것은 부모와의 질 높은 상호작용이다. 가뜩이나 부모와의 상호작용 시간이 부족한데 놀이공원에 가면 사람 많은 곳에서 시달리느라 지치고 짜증이 늘어서 돌아오기 쉽다. 차라리 그 시간에 사소한 일이라도 아이와 함께하며 보내는 것이 좋다. 집 근처에서 함께 장 보기, 집 앞 놀이터에서 놀기, 함께 음식을 만들고 청소하기 등 궁리만 하면 아이와 함께할 거리는 무궁무진하다.

▶반드시 엄마만의 시간을 확보해라

육아 도우미가 있다고 해도 일하는 엄마들의 하루하루는 쉴 틈 없이 돌아간다. 주중에는 일하랴, 휴일에는 밀린 살림 하랴, 아이들 돌보랴 몸이 열 개라도 모자라다. 그럴 때 정말 필요한 것은 아빠와의 '협동'이다.

주말에는 부부가 교대로 아이와 놀아 주는 시간을 짜는 것이 좋다. 토요일이나 일요일 하루 중 오전 10시부터 오후 서너 시까지는 엄마가 쉬는 시간으로 정해 두고, 그 시간에 남편이 아이를 데리고 밖에 나가서 놀다가 점심까지 해결하고 온다면 엄마가 재충전할 시간을 충분히 벌 수 있다. 그때 엄마는 살림을 하는 데 에너지를 낭비하지 말고 밀린 잠을 자거나 미용실에 가는 등 자기만의 '휴식'에 힘을 쏟아야 한다. 이렇게 엄마가 충분히 쉰 다음에 아빠가 쉬는 식으로 하면 엄마 아빠 모두 주말을 즐기면서도 아이와도 질 높은 상호작용을 할 수 있다.

몸이 힘들면 이유 없이 기분이 나빠지고 우울증에 빠지기도 쉽다. 이것은 오직 휴식만으로만 예방할 수 있다.

기세 좋게 돌아다니며 노는 아이들을 쫓아다닐 체력은 안 되는데, 아이들과 시간을 보내야 할 때면 난 수영장을 많이 이용했다. 집 근처에 있는 수영장은 물도 따뜻하고 수심이 얕아 아이들끼리 놀기에도 안성맞춤이었다. 내가 애써 놀아 주지 않아도 형제끼리 수영하고 장난치며 잘 놀았고 나는 밖에 앉아서 안전한지만 지켜보면 되니 아이들도 좋고, 나도 편했다. 게다가 아침에 도시락을 싸 가서 한껏 놀다가 저녁에 들어가면 아이들은 이내 곯아떨어지니 휴일 저녁이 훨씬 여유로웠다.

▶일주일 식단을 아이와 함께 짜라

'어떻게 하면 아이들에게 영양 많고 맛있는 음식을 잘 먹일 것인가?'는 모든 엄마들의 최대 관심사다. 그런데 일하는 엄마들은 어쩔 수 없이 인스턴트 음식과 외식에 의존하기 쉽다. 장을 봐다가 음식을 한다는 것도 쉬운 일이 아니며, 매번 아이들이 좋아하는 음식을 하는 것도 꽤 큰 스트레스이기 때문이다. 하지만 나는 엄마들에게 음식만큼은 손수 챙길 것을 권한다. 음식은 아이의 정서 및 신체 발달과 직접적으로 관련되기 때문이다.

나 역시 청소와 빨래 정도는 도우미 아주머니의 도움을 받았어도 음식만큼은 반드시 내 손으로 했다. 왜냐하면 음식을 마련하고 나누는 일은 단지 '먹는 행위'만이 아니라 그 속에서 사랑의 에너지가 흐른다고 믿기 때문이다. 몸이 아플 때면 어렸을 때 엄마가 해 주셨던 음식이 생각나지 않는가? 그것은 바로 엄마가 해 주셨던 음식이 내 '영혼의 음식'이기 때문이다. 나도 심신이 고달플 때 그 음식을 먹으면 마음에 큰 위로가 되는 것은 물론, 몸도 한결 좋아지는 기분이 들곤 했다. 그 기억이 평생 가는 것을 보면 어릴 때 엄마가 해 주는 음식에 대한 기억을 주는 것은 어쩌면 엄마가 해 줄 수 있는 가장 큰 선물일지도 모른다.

난 토요일 저녁이면 아이들과 모여서 일주일 식단을 짰다. 우선 일주일 동안 먹고 싶은 것을 다 말하게 한 뒤 일주일 치 식단을 정한다. 그 식단에 따라 필요한 재료를 확인해 주말에 아이들과 함께 장을 보았다. 함께 포장지 뒷면을 꼼꼼히 읽기도 하고, 각자 어떤 음식이 좋은지를 말하기도 하면서. 이렇게 아이 스스로가 메뉴를 정하게 하면 반찬 투정이 줄어들고 즐거운 마음으로 식사를 할 수 있게 되며, 엄마도 퇴근 후 저녁 준비가 훨씬 편하다.

학령기
아이를 둔
워킹맘이
기억해야 할 것들

    아이가 초등학교에 입학할 날이 다가오면 일하는 엄마들의 위기도 찾아온다. 이제 아이가 학교라는 구조화된 교육 공간에 들어가면서 엄마도 함께 긴장하는 것이다. 어린이집이나 유치원에 다닐 때는 엄마가 나름 주도권을 잡고 아이 교육을 이끌었다면 학교는 아이가 전적으로 맞추어야 할 공간이라 엄마도 긴장과 불안이 크다.

    아이들이 20~30명 모여 있는 학교에서 우리 아이가 기가 죽는 것은 아닌지, 알림장은 제대로 써 올지, 못한다고 놀림당하는 건 아닌지, 잘난 척한다고 따돌림당하지는 않는지, 너무 엄한 선생님을 만나서 힘들어하는 건 아닌지 등등 엄마들의 걱정은 끝도 없다. 게다가 엄마가 집에서 잘 관리(?)해서 무엇이든 잘하는 것만 같은 아이 친구들을 보면 '이러다가 우리 애가 영영 뒤처지는 건 아닐까?' 하는 불안한 마음이 든다.

그래서 그동안 잘 버텨 왔던 워킹맘 중 상당수가 이 시기에 직장을 그만두기로 결심한다. 이미 10여 년 정도 직장 생활을 한 상태라 점점 승진도 어렵고 직장 생활에 염증도 커지는 시기이기 때문이다.

하지만 이런 고비를 잘 넘겨서 '직장에 계속 다니는 것이 내 인생을 위해, 우리 가족을 위해 옳은 선택이다' 라는 자기 근거가 마련된다면, 초등 고학년부터는 엄마가 일하는 것이 오히려 아이 키우는 데 장점으로 작용한다. 이 시기를 잘 보내기 위해서 학령기 아이를 둔 워킹맘들이 기억해야 할 것들은 다음과 같다.

첫째, 일주일 중 하루는 아이와 충분히 놀아야 한다.

나는 아이들이 초등학교 저학년이었을 때 토요일 하루는 만사 제치고 아이들과 함께 놀았다. '가뜩이나 공부 봐 줄 시간도 없는데 공부에 더 신경 써야 하는 것이 아닌가' 하는 갈등이 있었지만, 곧 마음을 접었다. 아이들에게 더 중요한 것은 학습 능력을 높이는 것보다 공부를 잘하기 위한 정서적 기반을 쌓는 것이라고 생각했기 때문이다.

일하는 엄마를 둔 아이의 경우는 엄마와 함께하는 시간이 적다는 것 자체가 스트레스가 된다. 거기에 공부 스트레스까지 더하면 차라리 그 시간에 놀게 하는 편이 낫다. 엄마와 함께 즐겁게 지내는 것이야말로 장기적으로 공부를 잘할 수 있는 토양이 된다.

둘째, 정기적으로 아이와 함께 집중해서 공부하는 시간이 필요하다.

함께 잘 노는 시간이 있었다면 동시에 오로지 공부만을 위한 시간을 따로 마련해야 한다. 시간은 길지 않아도 좋고 매일일 필요도 없다. 주말에 한 번이든 격주에 한 번이든 "이 시간은 엄마랑 공부하는 거야" 하고 미리 못을 박아 두고 그 시간 동안 아이와 함께 공부를 하는 것이다. 이는 공부를 잘하게 하기 위해서가 아니라 아이의 공부 습관을 알아보고, 잘못된 것을 고치기 위해서다.

일하는 엄마들이 저지르기 쉬운 실수 중 하나가 아이의 공부를 학원이나 학습지 선생님에게 맡겨 버리는 것이다. 바빠서 시간이 부족하다 보니, 내가 하는 것보다 선생님이 가르치는 게 더 나을 것 같아서 등등의 이유로 처음부터 공부는 다른 사람에게 맡겨 버린다. 하지만 살림을 남에게 맡기더라도 저학년 때 공부 습관만큼은 엄마가 나서야 한다. 한번 자리 잡은 공부 습관은 학년이 올라갈수록 고치기가 어렵기 때문이다.

나는 일요일 오후를 공부 시간으로 잡고 아이와 일주일 동안 배운 것을 함께 체크해 나갔다. 아이를 공부시키면서 집안일을 하거나 책을 보는 것이 아니라 2시간이든 3시간이든 아이 옆에 붙어 앉아 아이가 공부하는 것을 지켜보는 게 중요하다. 매주 공부 시간을 조금씩 늘리면서 한 번에 집중할 수 있는 시간도 점검해 보았고, 일단 시작한 공부는 중간에 쉬지 않고 끝낼 수 있도록 옆에서 격려했다.

주의할 것은 아이와 함께 공부하는 시간이 성적을 끌어올리려는 목적이어서는 안 된다는 점이다. 성적 향상이 목적이 되면 공부에 임하는 아이의 태도보다 아이의 학습 능력에 관심이 가게 된다. 학습 능력은 결과가 바로 눈에 드러나는 것이라 결과에 따라 아이를 평가하고 야단치게 될 가능성이 크다. 잊지 말아야 할 것은 공부 자체가 아니라 공부 습관에 관심을 두어야 한다는 것이다.

셋째, 아이가 엄마를 간절히 원할 때에는 일단 아이의 말을 잘 들어야 한다.

초등학생 정도면 1학년이라도 엄마가 회사에 나가는 것을 받아들일 수 있을 정도의 사고력이 있다. 엄마가 없는 것이 싫어도 참을 줄 안다. 그럼에도 아이가 "엄마, 오늘 회사 안 가면 안 돼?"라고 하는 날이 있다. 이런 순간 엄마는 만감이 교차하겠지만 일단은 아이의 요구를 무시해서는 안 된다. 그것은 아이가 정서적으로 불안을 느낀다는 신호일 수 있기 때문이다. 이때만큼은 아이의 요구를 들어주려고 최대한 노력하는 모습을 보여야 한다. 당장 오늘 회사를 빠지는 것이 힘들다면 "이틀 후에는 하루 종일 같이 있자" 하는 식으로 약속을 하는 것도 좋다. 그리고 그 약속은 반드시 지켜야 한다. 이때 아이에게 온 힘을 다해야 하는 것은 물론이다. 엄마에게 자기가 온전히 받아들여지는 경험은 아이에게 상상 이상으로 큰 힘이 된다. 일하는 엄마일수록 아이를 이해하고 아이 입장에 서고자 더 많이 노력해야 한다.

넷째, 아이의 주위 사람들에게 열려 있어야 한다.

초등 저학년 때는 엄마의 사회성이 곧 아이의 사회성이 되기도 한다. 옛날에는 학교가 끝나면 아이들이 자연스레 삼삼오오 모여서 놀이터나 골목에서 놀았지만 지금은 모두들 학원에 가기 바쁘다. 엄마가 나서지 않으면 아이는 함께 놀 친구를 만들기 어렵다. 이때 일하는 엄마는 불리할 수밖에 없다. 그래서 직장에 다니는 엄마들 중에는 아이의 사교성까지 신경 쓸 엄두가 안 나 '내 아이는 내가 키우겠다'는 심정으로 아이를 폐쇄적으로 키우는 사람도 있다.

하지만 엄마가 적극적으로 나서서 친구를 만들어 줄 의지만 있다면 직장에 다닌다고 해서 불리한 것은 아니다. 먼저 적극적으로 연락하고, 주말에는 먼저 친구 아이까지 데리고 놀아 주겠다고 나서는 엄마라면 전업주부들도 외면하지 않는다. '할 수 없다', '여건이 안 된다', '굳이 그렇게까지……'라고 생각하지 말고 아이의 학교생활, 친구들에 적극적인 관심을 가지면 일하는 엄마가 갖는 불리한 조건을 충분히 극복할 수 있다.

【 학령기 아이를 둔 워킹맘이 알아야 할 것 】

▶담임 선생님을 꼭 만나라

초등학교에 입학했을 때 엄마들이 가장 부담스러워하는 것이 담임 선생님과의 만남이다. 본인이 학창 시절에 선생님에 대한 좋지 않은 기억을 갖고 있기 때문이기도 하고, 아이를 대신하여 만난다는 생각에 긴장이 더하기 때문이다. 담임 선생님은 아이가 학교생활을 하면서 가장 영향을 많이 받는 사람이다. 아이를 제대로 키우고 싶다면 1년에 두 번 정도는 담임 선생님을 꼭 만나야 한다. 담임 선생님을 만나는 것만으로도 아이의 학교생활을 많이 알게 된다.

우선 선생님을 만날 때는 '우리 아이가 어떤가?'를 들어 보려는 마음을 가져야 한다. '우리 아이가 선생님 보시기에 어떤 점이 부족하고, 어떤 점이 장점인지, 엄마가 집에서 따로 도와줘야 할 부분은 무엇인지' 하는 부분들을 조목조목 적어서 물어보라. 선생님은 교육 전문가의 입장에서 아이에 대해 말하기 때문에 엄마가 보는 것과는 다른 부분들을 알 수 있다.

엄마들이 선생님을 만나기를 부담스러워하는 가장 큰 이유는 아이를 부정적으로 평가할까 봐 두려워서다. 하지만 내 아이가 남에게 욕을 먹지 않기를 바라는 마음은 엄마의 강박증일 뿐이다. 처음부터 완벽한 아이는 없다. 선생님이 아이의 잘못된 점을 지적하면 엄마를 비난하는 것으로 받아들이지 말고 '어떻게 하면 좋을지' 겸손하게 도움을 구해야 한다. 감정적으로 휘둘리면 아이를 객관적으로 볼 수도 없고 엄마가 꼭 해야 할 일을 놓치게 된다.

만일 선생님이 잘못 생각하고 있다는 판단이 들면 어디에서 의견 차이가 보이는지 따져 보고, 구체적이고 객관적인 평가 자료를 준비하는 것도 좋다. 공신력 있는 기관에서 아이를 평가하고 그 결과를 보여 드리는 것도 방법이다. 내 아이에 대한 정확한 정보를 선생님에게 알림으로써, 선생님의 오해로 말미암아 아이가 상처받는 일을 막을 수 있다.

선생님과의 면담은 아이의 칭찬을 듣기 위한 자리가 아니라, '아이 성장'이라는 프로젝트를 두고 선생님과 의논하는 자리여야 한다. 특히 일하는 엄마는 선생님과의 관계가 더욱더 긴밀해야 아이에 대한 중요한 정보를 놓치지 않을 수 있다는 걸 기억해야 한다.

▶학교 일에는 가능한 참여하라

요즘 학교는 '교육 공동체'라고 하여 공식적으로 학부모가 학교 행정과 교육에 참여할 수 있는 통로를 두고 있다. 3월에 학부모 총회가 있고, 공개수업이 학기마다 한 번 이상씩 있으며, 녹색어머니회, 급식 모니터링, 학부모 자원봉사 등의 활동이 있어 학부모의 참여를 독려한다.

물론 일하는 엄마들에게 '학교에 가야 하는 일'은 큰 부담이 된다. 그러나 아이가 평소에 어떻게 생활하는지 직접 볼 수 있는 좋은 기회이니 무작정 빠지려고만 하지는 않았으면 좋겠다. 녹색어머니회나 급식 당번처럼 1년에 한두 번만 학교에 가는 활동이라도 적극적으로 참여하면 충분하다. 나는 이런 기회를 활용해 함께 활동에 참여하는 엄마들도 사귀고, 아이가 어떤 친구들과 친하게 지내는지도 눈여겨 볼 수 있었다.

▶아이 알림장에만 의존하지 마라

초등 저학년 아이들, 특히 남자아이들은 선생님의 지시 사항을 자세히 기억하고 알림장을 제대로 적어 오는 일을 잘 못한다. 숙제를 몰라서 못하거나, 준비물을 미리 준비하지 못하면 아이의 학교생활이 곤란해지고 '게으른 학부모'로 인식될 우려가 있다. 또 학교 소식을 아이에게서만 듣다가 제대로 된 사실을 파악하지 못해 난감한 일을 겪게 될 수도 있다.

그래서 필요한 것이 아이 친구 엄마와의 긴밀한 유대다. 학기 초 학부모 총회에 참여하여 반 친구 엄마가 누구인지 얼굴을 확인하고 연락망을 맺어 놓으면 준비물을 확인하거나, 학교에서 무슨 일이 있었을 때 사실 관계를 확인하기 좋다. 또한 아이가 제대로 준비물 준비를 못했을 때를 대비하여 밤늦게까지 문을 여는 문방구를 파악해 두는 지혜가 필요하다.

▶아이 모임을 적극적으로 먼저 조직하라

나는 경모가 친구 사귀기를 어려워하고, 한번 사귄 친구의 영향을 많이 받기 때문에 아이의 친구 관계에 적극적으로 개입했다. 무조건 나서서 특정 아이와 친하게 지내라고 시키거나 간섭하는 것이 아니라 친한 친구가 어떤 아이인지, 혹시 같이 어울리다 나쁜 습관을 가지게 되는 것은 아닌지를 유심히 지켜보았다.

또 친구 엄마에게 연락을 해 안면을 트고 긴밀하게 지내면서 도움이 필요할 때는 아이를 살짝 부탁하기도 하고, 그만큼 주말에는 우리 집으로 초대해 함께 노는 활동도 많이 했다. 친구 엄마 입장에서야 내가 먼저 연락해 아이들을 데리고 놀아 주겠다고 하니 그것만큼 반가운 일은 없을 것이다. 저녁과 간식을 마련해 주고 아이들이 보드게임 같은 것을 하며 놀 때 슬쩍 끼어서 우리 아이가 어떻게 노는지, 아이들과의 관계는 어떤지 알아보기도 했다.

때로 공부가 필요하면 친한 엄마들끼리 팀을 짜서 과외 활동을 시켰다. 전업주부들은 오랫동안 그들만의 팀을 짜 온 경우가 많은데, 굳이 거기에 들어가려 애쓰지 않고 우리 아이에게 필요한 팀을 직접 만들었다. 아이가 주말에 친구들과 축구를 하고 싶다고 하면 근처 대학교 체육학과에 가서 아르바이트를 원하는 체육대 학생을 물색한 뒤 주변 엄마들을 모아서 팀을 짜는 식으로 먼저 나섰다. 그럼 굳이 주류(?)에 포함되지 않아도 아이가 소외되는 일이 없다. 그 결과 경모와 정모는 패쇄적이지 않고 누구와도 잘 어울리는 아이가 되었다. 경모처럼 사회성이 떨어지는 아이도 엄마가 노력하면 가능하다.

▶아이 혼자 집에 두지 마라

아이가 점차 학교에 적응하고 고학년에 올라가면 '아이 혼자 집에 있어도 괜찮지 않을까?' 하는 생각이 든다. 하지만 나는 초등학교 6학년 이하의 아이가 혼자 집에 있는 상황을 만드는 것은 피하라고 강력하게 권한다. 미국 같은 경우 아이들만 집에 두면 아동 학대로 신고가 들어간다. 혼자 있는 아이는 쉽게 컴퓨터게임이나 TV와 같은 매체에 빠져들며, 간혹 어른이 없는 집에 친구들을 데리고 와서 성인물을 보는 등 나쁜 일을 할 수도 있다. 엄마가 조금만 신경 쓰면 과외 선생님,

도우미 아주머니, 방과 후 교실, 지역 아동 센터 등 이용할 수 있는 자원은 많다. 아이와 충분히 의논하여 스케줄을 짜고, 엄마가 없는 시간에 아이가 무엇을 하는지를 꼭 알고 있어야 한다.

Chapter 5

일하는 엄마로 살면서 깨달은 인생의 지혜

아이들을 키우며 직장에서 살아남기 위해 애썼던

지난 삶은 위기와 시련의 연속이었다.

그렇지만 시련이 내 앞에 닥쳐왔을 때

힘들다고 회피하거나 도망가지 않은 덕분에

나는 흔들리지 않는 내면의 힘을 얻게 되었다.

세상의
모든 아이들은
내 아이들이다
- 조두순 사건을 겪으며

1998년 나는 성폭력 피해 아동의 치료를 시작했다. 어떤 거창한 사명감이나 의미를 두고 시작한 일이 아니었다. 지금 다시 생각해 봐도 우리 아들들 기르기도 버겁고 병원에서도 입지가 불안한 처지에서 어떻게 그 일을 하게 되었는지 잘 모르겠다.

IMF를 혹독하게 지나던 그 시절, 사회에는 유난히 아동 성폭력 사건들이 많았다. 그 아이들은 소아정신과에서 진술을 하고 심리 치료를 받도록 병원으로 보내졌다. 그런데 병원에서는 성폭력 피해 아동의 치료를 그리 환영하지 않았다. 진단을 내리고 치료를 하는 것을 넘어 고소와 재판과 같은 법적 절차까지 의사가 관여하고 진술해야 하는 일이 제법 생기고,

의사들에게 그런 일은 '잘해야 본전'이고, 못하면 덤터기를 쓸 수 있는 일로 인식되었기 때문이었다.

그런데 나는 성폭력 피해 아동이 찾아오면 피할 수가 없었다. 머리로는 '이 케이스를 맡으면 골치가 아프겠는데……'라는 생각이 잠시 떠오르긴 했지만, 그 아이들의 꼭 다문 입술과 불안한 눈빛을 한 번 보고 나면 도저히 발을 뺄 수가 없었다. 그러다 보니 성폭력 상담소에서 나에게 보내는 아동 성폭력 피해자가 점점 늘어나 1년에 30명 정도의 아이들을 보게 되었다.

한편 정부는 성폭력 피해 아동들이 신고 및 수사 과정에서 과도하게 심문당하는 등의 2차 피해를 막기 위해 상담, 의료, 심리 치료, 법률 지원 등의 서비스를 한곳에서 제공받을 수 있는 '해바라기 센터'를 설립했다. 서울에서는 연세의료원이 위탁받아 운영하였고, 나는 해바라기 센터 초기 운영 계획이 수립될 때부터 실제로 설립된 이후인 2004~2008년까지 운영을 책임졌다.

그 과정에서 나는 눈물과 분노 없이는 사연을 말하기 힘든 아이들을 참 많이 보았다. 의사는 환자에게 감정적으로 접근하면 안 된다고 배웠지만 평생 잊을 수 없는 상처를 안고 살아갈 어린 아이들을 보면 저절로 가슴이 아파왔다. 그 중 2009년 2월에 '조두순 사건'의 피해자인 나영이(가명)를 만났을 때는 피가 거꾸로 솟는 분노를 느꼈다.

나영이가 다시 일어서기까지

안산시에 살던 만 8세 여자아이가 2008년 12월 아침, 학교 가는 길에 같은 동네에 살던 성폭력 전과자에 의해 인근 교회 화장실로 끌려가 성폭행을 당했다. 가해자 조두순은 아이를 무차별적으로 때리고 성폭행한 뒤 도주했고, 1시간 후 정신이 든 나영이는 직접 경찰서에 신고를 했다. 아이는 인근 병원으로 후송되어 8시간이 넘는 대수술 끝에 장을 잘라 내고 인공 배변 백을 달게 되었다. 범인은 아이의 정확한 진술과 CCTV에 찍힌 영상을 토대로 57시간 만에 검거되었다.

아이의 고통은 거기에서 끝나지 않았다. 경찰과 검찰은 범인을 기소하는 과정에서 아직 수술에서 회복되지 않은 아이를 성폭력 전담 검사도 배치하지 않고 심문하였다. 실수로 진술 과정이 녹화되지 않자 같은 내용의 진술을 반복하게 하고, 오랜 시간 붙잡아 두었다. 병원에서 외과적인 수술만 받고 퇴원한 아이는 우울증에 빠졌다. 학교도 가지 못하고 아무도 주변에 오지 못하게 하였으며 밥도 먹지 않았다. 참다 못한 나영이 아버지가 개인적으로 수소문한 끝에 해바라기 센터를 찾아내 나와 인연이 닿은 것이다.

"어떤 아버지가 찾아오셨는데요…….".

후배의 이야기를 듣자마자 난 당장 입원을 결정했다. 그리고 아이를 처음 만났다. 얼굴 한쪽이 떨어져 나간 상태로 말한마디 하지 않고, 몸에 절대로 손을 대지 못하게 하고, 몹시무거워 보이던 배변 백을 차고 있던 아이. 처음 만난 나영이는 상처로 만신창이가 되어 울고 있는 동물 같았다.

무슨 일이 있었던 거냐고 묻는 내게 나영이 아빠는 눈물 콧물 다 쏟으며 "우리를 도와주실 수 있습니까?"라며 엉엉 울었다. 사건의 전말도 처참한데, 이후 경찰과 검찰에서 사건을조사하는 과정은 아이의 상처에 소금을 뿌리는 격이었다. 의료적인 처치 과정도 아이의 심리 상태나 성장 과정 등을 고려하지 않았다. 게다가 원래 기초생활 수급자였던 나영이네가사고로 인한 보상금을 받으면 그 자격을 잃게 되는 문제로 동사무소와 마찰을 겪어야 했다. 나영이 아빠는 아이를 볼모 삼아 지원금을 타 내려는 사람으로 취급당하는 것 같다며 서러워했다. 어디도 의지할 데 없는 사면초가의 상황이었다.

일단 아이를 살리는 게 우선이었다. 죽을 날을 받아 놓은 것처럼 퀭한 눈동자를 하고 배변 백에 변이 찰까 봐 밥을 거부하던 나영이는 입원 2주 후에야 조금씩 밥을 먹기 시작했다. 치료가 효과를 발휘하면서 아이가 안정되자 아이와 아빠는 서서히 마음을 열었다. 무엇보다 아이가 앞으로 정상적인 일상으로 돌아갈 수 있도록 하는 일이 최우선이었다. 초기 수술 시 절제된 대장과 항문을 복원하여 배변 백이 없어도 장이 제 기능을 할 수 있어야 했다. 사실 처음에 의료진은 고민이 많았다. 재수술의 성공 확률이 너무 낮았던 것이다. 실패할 경우 아이가 받는 신체적 고통은 더 심해질뿐더러 엄청난 치료비를 들이고도 성공하지 못한 책임을 누군가가 져야 할 수도 있었다. 난 절박하게 수술을 하자고 했다. 나영이의 외과 주치의였던 한석주 선생님도 '이 작은 아이가 평생 배변 백을 차면서 상처를 곱씹을 수는 없지 않느냐'며 힘을 보태셨다. 모든 사람들의 간절함이 모여서 복원 수술이 시작되었다. 수술은 몇 차에 걸쳐서 하도록 계획되었다.

나영이가 수술과 심리 치료를 해 나가는 동안 나는 해바라기 센터를 통해 여성가족부에서 진료비를 지원받는 한편, 재판 과정에서 가해자가 법정최고형을 받을 수 있도록 탄원서와 소견서를 여러 번 썼다. 가해자에 대해 수시로 분노가 치솟았던 것은 물론이고, 사건이 일어난 후 아이를 제대로 보호하지 못한 국가 시스템도 몹시 실망스러웠다.

사실 이 사건은 우리나라가 인권 문제에 얼마나 무지하고 기본적인 보호 시스템조차 갖추고 있지 못한지를 낱낱이 보여 주는 거울이라고 할 만했다. 사건이 일어난 후 2차적인 피해가 가지 않도록 피해자가 의료 서비스를 받고, 진술도 상담 전문가의 도움을 받을 수 있게 해바라기 센터를 만들었음에도 그 시스템은 제대로 움직이지 않았다. 수사 기관은 아동 피해자를 어떻게 대해야 할지에 대한 기본 개념조차 없었다. 우리 사회가 성폭력 사건 자체를 막을 수는 없어도 일단 벌어진 사건에 대해 피해자를 최대한 보호하는 쪽으로 움직여야 했는데 그 긴 과정에서 아무도 그런 생각을 못했다.

국가와의 싸움이 시작되었다. 경찰, 검찰이 절차상 잘못한 일을 따져 물었고, 여성가족부에 치료비를 전액 지원하라고 요구했다. 아이는 한동안 배변 백을 차야 하는데, 소아용은 수입제품밖에 없어 그 가격이 한 달에 40만 원에서 70만 원까지 들었다. 나영이네 집 형편으로는 그 비용을 감당할 수가 없었다. 그런데 나라에서는 비용을 댈 수 없다고 했다. 그럼 기부를 받겠다고 했더니 그것도 하지 못하게 막았다.

정부와 갈등을 겪으면서 결국 나는 해바라기 센터 운영위원장직을 그만두게 되었다. 절차상 잘못을 눈감고 더 이상 큰 일로 만들지 마라는 압력에 굴하지 않은 결과였다. 그리고 가해자 조두순의 재판이 끝났다. 형량 12년. 만취상태라는 점이 참작된 너무나도 가벼운 형벌이었다. 그것이 너무 가볍다고 여긴 공영방송의 어떤 기자가 나영이 사건을 상세히 보도하였다. 방송의 여파는 대단했다. 나영이의 주치의였던 내게 인터뷰 요청이 밀려왔다. 나영이 아버지와 이제 어떻게 할 것인지 의논했다. 수술 성공으로 배변 백을 곧 떼고 재활을 앞두고 있던 나영이는 겨우 심리적으로 안정을 찾은 상태였다. 잘못하다가는 '긁어 부스럼'을 만들 수도 있었다. 하지만 이미 보도는 나간 상황. 우리는 이 기회에 모든 걸 밝히기로 결정했다. 사건의 전말은 물론, 사건 처리 과정에서 국가가 잘못한 일까지 모두 소상히 세상에 알려서 다음에 또 이런 일이 벌어지는 일이 없도록 하자는 데 의견을 모아 행정 소송까지 하게 되었다.

그 이후로 그야말로 눈코 뜰 새 없이 바빴다. 인터뷰를 하자는 곳은 다 해 주었고, 생방송 〈100분 토론〉에도 참여했다. 포털사이트 다음 아고라에 청원을 올려 나영이 수술비 2억 원도 마련했다. 뜻있는 변호사와 힘을 합쳐 나영이 아빠가 '국가상대 손해보상 소송'을 진행하는 것도 도왔다. 조두순의 형량을 더 받게 하지는 못했지만, 국가 상대 소송에서는 승리하였다.

내가 이 아이의 엄마라면

어떤 사람들은 언론에 나와서 목소리를 높이는 나를 보고 "언론에 나가기를 좋아한다", "스타병이 있다", "다른 계획이 있어서 미리 준비하는 거 아니냐" 하면서 수군거렸다.

나는 내가 왜 이렇게 움직이는지 스스로에게 물었고 그 답을 기억하면서 움직였다. 나영이의 수술이 있던 날 난 처음으로 이 질문을 스스로에게 던졌다.

'신의진, 네가 나영이 엄마라면 어떻게 결정하겠니?'

그 질문 안에 답이 있었다. '나는 엄마다. 세상 모든 아이들은 내 아이들이다'는 것이었다. 그 답을 얻고 나니 모든 행보에 한 치의 망설임도 일어나지 않았다. 나영이의 재수술이 어려워 모두가 고개를 절레절레 흔들 때, "수술 한번 해 봅시다, 수술비 많이 드는 것은 어떻게든 해결하겠습니다"라고 말할 수 있었다. 왜냐하면 나는 '엄마'이기 때문이었다.

엄마란 아이와 관련된 것이라면 1퍼센트의 가능성을 포기하지 않는 사람이다. 1퍼센트의 가능성을 현실로 만들기 위해서 어떤 어려움과 희생이 따르더라도 기꺼이 몸을 던져 감수하는 사람이 엄마다. 소속된 집단의 이익과 아이의 어려움이 충돌하였을 때 엄마들은 아이들을 지키고 보호하는 쪽으로 움직인다. 아무리 돈이 많이 들고, 사회가 '비효율적'이라고 평가절하해도 엄마의 입장에서 '생명을 살리는 일이다' 싶으면 돈이나 권력을 잃는 것은 전혀 문제가 되지 않는다.

서울시는 2010년 아동의 권익 신장에 이바지했다며 나에게 서울시 여성상 대상을 수여하였다. 그 상을 받을 때 나는 정말 말 그대로 '당연한 일을 했을 뿐인데 뭘 잘했다고 상까지 받나?' 하는 마음이 들었다. 만약 상을 받아야 한다면 지금 이 순간 대한민국에서 아이를 키워 내고 있는 모든 엄마들, 바로 당신이어야 할 것이다. 나영이 일에 발 벗고 나서서 함께 분노하고 그 아이가 치유될 수 있도록 도운 모든 사람이어야 할 것이다. 세상의 모든 아이들이 바로 내 아이들이라는 걸 기억하고 있는 모든 엄마들, 바로 그들이어야 할 것이다.

당신이
가는 길이
가장 옳은
길이다

> 한겨울에야 비로소 알게 되었네. 내 안에 그 무
> 엇도 대적할 수 없는 여름이 자리 잡고 있음을.   — 알베르 카뮈

세상을 살다 보면 있는 그대로의 자신을 보여 주는 게 반드
시 좋은 일은 아니라는 것을 깨닫게 된다. 나 역시 그랬다. 예
민한 기질 탓이었는지 남들은 잘 보지 못하는 것이 내 눈에는
너무도 잘 보였다. 그걸 나서서 사람들에게 이야기하면 지지
해 주기는커녕 '까다롭고, 잘난 척한다'는 평가를 받았다. 몇
번 그런 이야기를 듣고 나자 '괜히 튀지 않으려면 생각을 솔
직히 말하지 말 것'이라는 강박관념이 생기게 되었고, 학교
를 거쳐 의과대학 교수가 될 때까지도 내 생각을 솔직하게 이

야기하지 않고 남들이 원하는 모습만 보여 주게 되었다.

그러니 항상 내 안에는 두 가지 세계가 존재했다. 밖으로 보여 주는 모습과 진짜 나의 모습. 바깥세상은 내가 '진정성'을 가지고 만나기 어려운 곳이었다. 그곳은 그저 내 역할을 잘 수행하고, 능력을 증명해야 인정받을 수 있고 그것만으로도 충분하다고 생각하는 곳이었다. 또 나의 겉모습만 가지고 마음대로 판단하는 곳이 바깥세상이었다. 여학생이라는 이유만으로도 주목받는 의과대학 안에서는 마음대로 친구를 사귀기도 힘들었다. 그러다 보니 나는 그저 내 성취에만 골몰하는, 전형적으로 이기적인 삶을 살았다.

그런데 어쩌다 결혼을 했고, 아이를 낳았다. 아이는 '너는 그래라, 나는 이렇게 할 테니'라는 심리 기제를 가지고서는 도저히 키울 수 없었다. 매 순간 나의 계획을 망가뜨리면서 자신을 돌봐 주기를 바라는 이 연약한 생명 앞에서 기존에 내가 가지고 있던 방어적인 틀은 버려야 마땅했다. 내가 가진 모든 틀을 깨는 것은 불가능했지만 내가 바꿀 수 있는 것은 과감하게 바꿨고, 아무리 노력해도 깰 수 없는 틀은 그대로 감내해야 했다. 두 가지 틀 사이에서 버티는 것은 정말 쉽지 않았고, 때로 몹시 아프고 고독했다. 그런 고통은 그냥 꿀꺽 삼키는 것이 그나마 아이와 내가 받는 상처를 최소화하는 길이었다. 그 과정에서 분명히 나는 성장했고, 예전과 다른 내가 되어 가고 있었다.

하지만 이런 변화와 성장은 내면의 힘을 바탕으로 한 자발적인 선택으로 이루어졌다기보다는, '덜 괴롭기 위해' 할 수밖에 없었던 수동적인 변화였다. 비록 겉으로는 큰 문제가 생기지 않고 잘 해내는 것 같았어도 그것은 진정 나를 위한다기보다는 '엄마니까', '일을 하니까', '아내니까' 할 수밖에 없는 거였다. 즉 내가 살아남기 위한 몸부림이었지 내 마음속에서 진정으로 원하는 것을 따라간 것은 아니었다. 진정성이라는 것은 잠시 접어 두고 내가 할 수 있는 부분만 하고, 움직일 수 있는 부분만 움직였던 것이다. 그렇게 내 마음속의 목소리는 외면한 채로 그럭저럭 살아왔다.

나영이가 내게 준 것들

나는 착한 장녀이자 나무랄 데 없는 모범생으로만 자라서 부모님의 말을 잘 듣고, 국가와 나라, 내 직장인 학교가 하는 일에 크게 반대하지 않는 '착한 딸'로 살았다. 여기에 내 의견이나 생각을 말하면 안 된다는 강박까지 있었으니 착한 딸이라는 이미지에서 더욱 더 벗어날 수 없었다. 그래서 처음 해바라기 센터를 시작할 때도 정부에서 하라고 하는 일은 군말 없이 다 해냈다. 왜 성폭력 지원 센터에 꼭 의사가 필요한지 국회에서 설명하라고 하면 시간을 쪼개 국회에 나가고, 예산이나 조직을 만들 때는 한도 끝도 없는 서류 작업도 하나도 빠짐없이 챙겨서 냈다. 그러면서도 병원에서 내가 해야 할 일인 진료에 충실하기 위해 다른 사람들보다 더 바쁘게 살았다.

그런데 조두순 사건이 사회적으로 큰 파장을 일으키면서 내가 그 사건의 한가운데에 서게 되었다. 내가 연세대학교 의과대학에 있다는 이유로 연일 학교 이름과 내 이름이 신문에 오르내렸고, 병원 동료들과 상사들은 왜 괜한 일에 나서서 병원 입장을 곤란하게 만드냐고 눈치를 줬다. 정부에서는 병원을 통해 '신의진 인터뷰 하게 하지 마라', '기사 나가게 하지 마라'면서 압력을 가해 왔다. 내 개인의 성공과 야망을 위해서라면 모두가 원하는 대로 그렇게 조용히 입을 다물었어야 했는지도 모른다. 그럼 괜히 사람들 입에 오르내릴 일 없이 지금까지 살았던 대로 내 일에만 집중하면서 살았을 것이고, 어쩌면 성폭력과 관련된 연구 프로젝트도 더 따낼 수 있었을지도 모른다.

하지만 그때 처음으로 내 존재 깊은 곳에서 울리는 목소리를 따랐다. 어떤 손해를 보더라도, 어떤 비난을 받더라도 상처 입은 아이 한 명을 구할 수 있다면 그까짓 것 다 감수하기로 마음먹었다. 그렇게 해야만 한다고 내 마음 깊은 곳에서 강력한 목소리가 울려 퍼졌고, 더 이상 그것을 외면하고 싶지 않다는 욕망이 처음으로 강하게 나를 휘감았다.

정부에서 사건의 여파를 축소하려고 애쓰고 있는 가운데, 나는 이명숙 변호사와 이금형 부산경찰청 청장과 힘을 합쳐 '아동 성폭력 근절을 위한 전문가 제언'이라는 이름으로 보도 자료를 만들었다. 그리고 나영이가 어떻게 2차 피해를 입었는지를 소상하게 밝히는 기자회견을 열었다. 과연 사람들이 우리의 생각을 지지해 줄까, 일을 더 크게 만든다는 비난을 듣는 것은 아닐까 하는 우려가 무색하게 많은 사람들의 관심과 지지를 얻었다. 덕분에 나영이는 치료비 걱정 없이 수술을 받았고, 국가를 상대로 한 소송에서도 승리를 거뒀다.

난 이 일을 통해 내 피에 흐르고 있던 '착한 딸 증후군'에서 벗어났다. 내 마음속 목소리를 따랐을 때 내가 얼마나 더 강해질 수 있는지, 그리고 얼마나 큰 행복과 만족감을 느낄 수 있는지도 경험했다. 물론 공공의 가치를 지키기 위해 평생을 바친 사람들이 한 일에 비하면 내가 한 일은 아주 작은 일일 것이다. 하지만 나로서는 그 변화가 가히 혁명적인 것이었다. 혁명이 별것인가. 자신의 삶에서 당연하게 여겨 왔던 것이 사실 당연한 것이 아님을 깨닫는 것, 그래서 하나씩 바꿔 가는 것. 그것이 혁명이 아닐까? 그동안 내 마음속 목소리를 외면할 수밖에 없었고, 그래야만 한다고 생각했던 내게 나영이가 얻어 낸 승리는 그렇게 살지 않아도 된다는 응원이나 다름없었다.

또한 예전에는 나를 위해 혹은 나의 불만을 토로하기 위해 무언가를 했다면 이번에는 뜻을 같이 하는 사람들을 만나서 힘을 합치고, 공동의 목표를 이루기 위해 노력했다는 점이 내겐 성장을 향한 큰 한 걸음이었다. 언제나 개인적인 차원에만 머물러 있던 내가 우리 모두를 위해, 우리 사회를 위해 노력했다는 것도 내게는 뜻 깊은 일이었다. 그 과정이 쉽지는 않았지만 나영이를 구한 것, 그리고 그 아이가 다시 웃으며 놀고 공부할 수 있게 된 것으로도 보상은 충분했다. 어쩌면 그 끔찍한 상황에서 도망치지 않고 경찰에 스스로 신고하고, 범인을 정확하게 지목하였으며 법정에 몇 번이나 서야 하는 일을 감수하면서 끝까지 씩씩했던 작고 위대한 영혼이 나를 성장으로 이끈 스승인지도 모르겠다.

나는 평생 내 진정한 목소리를 내지 못할 거라고 생각했었다. 특히 엄마로 살면서 내 목소리는 되도록 작아야 모두가 상처받지 않는다고 여겼다. 아마 엄마들은 아이를 키우면서 '나'라는 것이 없어지고, 내 존재가 희미해져야 모두가 편한 상황이 어떤 건지 알 것이다. 겉과 속이 다른 생활에 지치고 괴롭지만 오로지 내 아이를 위해서 혹은 그렇게 살아야 하는 상황 때문에 오늘도 엄마들은 마음의 목소리를 외면하면서 산다.

지금 당장 내면의 목소리를 따를 수 없다고 좌절하고 있는 엄마들에게 나는 꼭 이 한마디를 들려주고 싶다. 지금은 무척 힘이 들지도 모른다. 그렇지만 좌절하거나 포기하지 말고 마음이 이끄는 대로 살아 보라. 그러면 어느 순간 당신의 인생에서 절대 잊을 수 없는 소중한 변화를 경험하게 될 것이다. 그리고 그것이 엄마와 아이를 모두 행복하게 만들어 줄 것이다.

시련이야말로
성장을 위한
디딤돌이다

의과대학 교수로서 신입생 면접에 들어가고, 전공의를 선발하는 자리에 참여할 때가 있다. 병원 밖에서 새로운 일을 하고 있는 요즘에는 함께 일을 할 사람을 뽑을 일이 더 많아졌다.

사람을 뽑을 때는 우선 그 사람이 가지고 있는 능력을 기본적으로 보게 된다. 요즘엔 스펙 경쟁이 치열하고 고학력자들이 많아 처지는 사람이 없다. 이력서를 보면 다들 얼마나 유능하고 성실하게 살아왔는지 절로 혀를 내두르게 된다. 이 사람들에게 일을 시키면 무엇이든 척척 해내고 열심히 할 것만 같다.

그러나 화려한 이력을 보고 내 밑으로 데려와서 일을 시켜

보면 막상 함께 일하기엔 어려운 사람들이 많다. 부러지면 부러졌지 절대로 휘어져 살지는 않겠다며 이를 앙다물고 자기 의견을 고집하는 사람, 딱 지침이 내려온 대로 주어진 것만 하고, 그 일이 어떤 맥락에서 필요한지 자신이 맡은 역할에서 어떤 일을 창의적으로 할 수 있는지 더 생각하지 않는 깍쟁이 같은 사람이 대다수다. 몇 번 이런 사람들을 만나 본 뒤로 나는 면접을 볼 때 이 질문을 반드시 던진다.

"당신이 인생에서 겪은 가장 힘든 위기는 무엇이었으며, 어떻게 그 시련을 극복했나요?"

큰 위기라고 할 만한 것이 없다는 사람에게는 어려운 상황을 예를 들어 제시하고 그 경우 어떻게 행동할 것인지를 묻는다. 이 질문을 통해서 내가 보고 싶은 것은 '어떤 일을 위기와 시련으로 보는가'와 '위기와 시련을 극복한 전략'이다.

"별로 힘든 일이 없었습니다", "어떻게 하다 보니 해결이 됐습니다"라는 식으로 얼렁뚱땅 뭉뚱그려서 넘어가는 사람들은 일단 함께 일하기 어려운 사람으로 분류한다. 사람이 살다 보면 크든 작든 어려운 일을 경험하게 될 텐데, 자신은 그런 일이 별로 없다고 말하는 것은 어쩌면 위기로 인한 상처가 소화가 되지 않았을 확률이 높기 때문이다. 그런 사람들은 고난을 자기 경험으로 녹여 내지 못하고 사고가 경직되어 있어서 힘든 일이 생기면 포기해 버리거나 남에게 떠넘기는 경우가 많았다.

하지만 '집안이 망했을 때 아버지도 밉고 아르바이트하면서 학교에 다니는 것이 너무 힘들었는데, 지나고 보니 아버지를 이해하게 되었다. 또 아르바이트하던 경험도 사회생활에 대한 감각을 키우는 데 도움이 되었기 때문에 결과적으로 인생에서 소중한 경험이 되었다'는 식으로 자신의 감정적 어려움을 솔직히 토로하고, 상황에 어떻게 대응하였으며, 그 결과 자신의 성장을 이루었다고 이야기하는 사람은 좋은 점수를 주었다. 이런 이야기는 쉽게 지어내지 못하며, 얼마나 진실한 이야기인지는 말하는 모습을 보면 금방 느껴진다.

시련과 위기를 겪은 사람은 세상일이 언제나 내 마음대로 움직이지 않는다는 걸 경험상 이해하고 있다. 그래서 환경이 바뀌면 기꺼이 새 옷을 입을 준비를 한다. 그렇다고 이 사람들이 소위 '배알도 없는' 카멜레온이나 변절자인 것은 아니다. 일관성은 있되, 상황에 따라 자기 껍질을 깨고 새 껍질을 입으면서 자아를 점점 확장시켜 나가는 사람인 것이다. 그런 사람이라면 힘든 일이 주어져도 금방 좌절하지 않고 창조적으로 새로운 방법을 찾아간다. 특히 시련을 통해 자신이 변화하는 걸 직접 경험한 사람이라면 갑자기 닥쳐온 위기라도 성장의 기회로 여길 것이다.

지금의 나를 만든 건 인생의 시련들이다

돌이켜 보면, 내 인생의 시련도 성장을 위한 디딤돌이었다. 평생 나의 소명으로 꼽는 일은 '마음의 트라우마'를 겪는 사람들을 돕는 것인데, 내가 친정 부모님과 시댁, 남편에게서 마음의 상처를 받게 되면서 사람들이 겪는 트라우마가 삶의 질을 결정하는 데 얼마나 큰 영향을 미치는지를 알게 되었다. 그리고 그것을 극복하는 과정을 직접 겪었기 때문에 마음이 아픈 사람들이나 나와 비슷한 엄마들의 마음을 좀 더 이해하게 되었다. 성폭력 피해 아동을 도왔던 것도 그 상처가 아이들의 인생을 망치지 않기를 바랐기 때문이었다. 난 상처 덕분에 소명을 발견했고, 내 일의 지평을 넓힐 수 있었다.

아이들 둘을 키우면서, 특히 남다른 큰아들을 키우면서는 안팎으로 늘 시련과 위기를 겪었다. 그런데 그 덕분에 나는 웬만한 일에도 끄떡하지 않는 강인함과 예상치 못한 어려움에도 주눅 들지 않고 해결하는 담대함을 갖게 되었다. 내가 흔들림 없이 아이를 감싸 주고 지지해 주었기에 경모는 스스로 자신의 장래를 설계하고 군대 생활도 하는 씩씩한 청년이 되었다. 학교생활에 적응하지 못해 같은 반 친구들 부모로부터 '경모 때문에 우리 아이들 학습권이 침해되는 것 같아요'라는 말까지 들었던 과거를 떠올려 보면 감개무량하다.

또한 경모 덕분에 학교생활에 어려움을 겪는 아이들도 적절한 치료를 받는다면 충분히 자신의 삶을 일구어 나갈 수 있다는 믿음을 갖게 되었다. 아이들이 가진 내면의 힘을 믿고, 그 아이가 가진 장점과 가능성을 발견하고 키워 주려는 시선을 갖게 된 것도 마음이 아픈 아이를 키운 덕분에 이룬 성장의 결과였다.

내가 이만큼 성장할 수 있었던 것은 시련이 내 앞에 닥쳐왔을 때 힘들다고 회피하거나 도망가지 않은 덕분이었다. 고통과 시련을 내 것으로 거머쥐는 순간, 도저히 걸을 수 없을 것 같았던 고통의 길은 지나가 있었고 시련은 진정한 성장의 디딤돌이 되었다.

과감히 고통을 끌어안은 베르나르 올리비에

이스탄불에서 중국 시안까지 1만 2천 킬로미터를 걷고 난 뒤 『나는 걷는다』라는 책을 쓴 프랑스의 전직 기자 베르나르 올리비에. 그는 60세에 은퇴를 한 후 갑자기 사랑하던 아내가 죽고 극도의 우울증에 빠져 자살까지 시도했던 사람이다. 그는 "직장에 다닐 때는 내 자리와 이름과 존재할 이유가 있었다. 그런데 갑작스럽게 연금 생활자가 되면서 방향 잡을 키도, 목적지도 없는 구제민이 되어 버렸다. 무기력감, 무능력한 인간이라는 사실에 괴로 웠다. 내가 사랑한 아내는 더 이상 이 세상에 존재하지 않았 고, 자식들은 독립해 떠나갔다. 내겐 계속 살아야 할 이유가 없었다"고 고백했다. 하지만 그는 자살 시도가 실패한 뒤 산 티아고 길을 걸었다. 2천3백 킬로미터에 달하는 산티아고 길 을 걸으면서 걸은 지 3주 만에 '죽어야 할 이유'를 상실했다. 그저 '계속 걷고 싶다'는 내면의 소리를 듣고 그대로 따랐고 결국 이스탄불에서 중국까지 엄청난 길을 걷게 되었다.

그리고 자신의 그 경험을 토대로 프랑스 정부와 함께 '쇠이 유(Seuil, 경계)'라는 단체를 만들었다. 이 단체는 소년원에 수 감되어 있던 청소년 수감자들이 배낭 하나 메고 낯선 나라에 가서 3개월 동안 2천 킬로미터를 걷도록 돕는 단체다. 이 단 체의 프로그램을 통해 오로지 스스로의 힘으로 2천 킬로미터 를 걸은 청소년들은 스스로 해냈다는 자존감을 느끼고, 길에 서 만난 여러 사람들의 격려와 지지를 바탕으로 자신이 도망 쳤던 사회의 경계를 다시 넘어 온다.

일반적으로 비행 청소년이 수감 생활을 겪고도 다시 범죄 를 저지를 확률은 85퍼센트 수준인데, 이 프로그램을 경험한 아이들의 범죄 재발률은 15퍼센트다. 그러니 프랑스 정부도 이 프로그램의 효과를 믿고 어떤 방법으로도 교정이 안 되는 아이들은 이 단체로 보낸다. 베르나르 올리비에는 더 많은 청소년들이 걷기에 참여하는 것이 자신의 남은 소명이라며 "길을 떠나기 전 나는 건달이었으나 돌아온 뒤 영웅이 되었다"고 말한 아이의 말이 가장 기억에 남는다고 했다.

하지만 내가 보기에는 베르나르 올리비에야말로 고통을 피하지 않고 그대로 끌어안아 삶의 새로운 지평을 열어 젖힌 영웅이었다. 견디기 힘든 고통은 그냥 받아안고 견디다 보면 언젠가 그 의미가 드러난다는 것을 몸소 보여 준 사람이었다.

아기가 첫걸음마를 하려면 몇 번 정도 실패를 하는 줄 아는가? 아기는 2천 번 정도의 시도 끝에 첫걸음마를 성공한다. 성공과 실패라는 측면에서 보았을 때 2천 번을 실패하고 한 번 얻은 결과가 '걷기'라는 것이다.

우리 모두는 2천 번의 실패를 딛고 성공한 사람들이다. 그러니 시련과 위기에 자꾸 넘어져도 다시 일어나라. 언젠간 우리는 첫걸음에 성공할 것이고, 그 모든 실패는 성장을 위한 디딤돌이었음을 알게 될 것이다. 이것이야말로 내가 일하는 엄마로 살면서 깨달은 첫 번째 삶의 지혜다.

•

아이는
우주가
내게 준
선물이다

•

잘 낭비한 하루

–제인 저든 페러

하나님 용서해 주십시오.

오늘 일을 다 끝내지 못했습니다.

하지만 오늘 아침 아이가

아장아장 걸어와

'엄마, 놀자'라고 말했을 때

싫다고 대답할 수가 없었습니다.

퍼즐과 장난감과 트럭과 블록과 인형과

낡은 모자와 책과 웃음 속에서

우리는 천 가지 비밀과

백 가지 희망과 꿈과 포옹을 나누었습니다.

오늘 잠자리에 누워 기도드릴 때

아이가 두 손 모으고 속삭였습니다.

"하나님, 엄마와 아빠와 장난감과

과자를 주셔서 고맙습니다.

하지만, 무엇보다

엄마와 같이 놀 수 있도록 해 주셔서 고맙습니다."

그때 저는 하루를 잘 낭비했다는 사실을 알았습니다.

하나님도 이런 저를 이해하실 것이라고 생각합니다.

내가 지금까지 살아온 날들 중 가장 행복했던 순간은 우리 아이들이 서너 살 무렵, 소매 없는 옷을 입고 통통한 목덜미와 팔뚝을 드러내고 앉아 있을 때다. 생각만 해도 입가에 웃음이 흘러나오는 그 장면. 아무리 피곤하고 기분이 우울해도 아기 냄새를 맡으며 그 보드라운 살에 볼을 부비고 있으면 모든 피곤이 그냥 녹아 사라지는 것 같았다.

정모가 사이다를 먹다가 뽀글뽀글 올라오는 탄산 방울을 보면서 "'이상한 탄소'가 있네" 하고 말해서 온 가족이 까르르 웃었던 일, 내가 집으로 들어오는 소리에 두 아이들이 "와~, 엄마다!" 하고 소리 지르며 달려와 다리에 매달리며 환히 웃

던 일도 생각난다. 분명 아침에 본 엄마인데도 며칠 만에 만
난 것처럼 열렬히 환영하며 반기던 아이들의 표정이 아직까
지도 생생하다.

어른들 말씀이 아이들은 태어나서 3년 동안 평생 할 효도를
다 한다는데, 정말 3년 동안은 '내가 어떻게 이렇게 예쁜 아이
를 낳았지?'라는 생각이 들 정도로 아이들이 예쁘고 사랑스
러웠다. 돌이켜 보면 그 3년이 지난 이후는 물론 지금까지도
내 인생에 반짝이는 순간에는 항상 아이들이 있었다. 이젠 아
이가 아니라 코 밑에 수염이 까맣게 나는 청년인데도, 아이들
과 함께 아침을 먹을 때마다 변하지 않는 행복을 느낀다.

비록 한참 아이들을 키우느라 씨름하던 때의 내 모습은 육
아와 가사, 일에 찌들어 혼돈 그 자체였지만 지금 나는 그 순
간을 내 인생에서 가장 선명하게 빛나는 아름답고 열정적인
순간으로 기억한다.

아이들이 내게 준 것들

　　　　　　　아이들은 힘들 때 언제든 꺼내어 볼 수
있는 마법 같은 인생의 책갈피를 선물해 주었을 뿐 아니라,
내게 새로운 삶의 지평을 열어 주었다. 아이들 덕분에 나는
더 나은 내가 되었고, 감히 내가 상상하지도 못했던 방법으로

성장할 수 있었다.

▶음식을 만드는 기쁨

아이들을 키우며 나는 요리를 할 수 있게 되었고, 음식을 만들어 나누어 먹는 기쁨을 알게 되었다. 내가 요리하는 걸 즐긴다고 하면 놀라는 사람들이 꽤 있다. 아무래도 의사는 평생 공부만 해야 하니 다른 일상적인 활동에 대해서는 관심이 없거나 잘하지 못할 것이라고 생각하기 때문인 것 같다. 독신인 대학교수 친구들 중에 요리를 한다는 사람이 거의 없는 걸 보면 아주 틀린 생각은 아닐지도 모른다.

나도 아이를 키우는 엄마가 아니었다면 요리를 배워야겠다는 생각을 하지 않았을 것이다. 비록 처음에는 어쩔 수 없이 '엄마'와 '주부'의 역할을 해야 한다는 의무감에서 요리를 배웠지만 요리는 단순히 음식을 만드는 기술이 다는 아니었다. 나는 요리를 통해서 살림과 일상에 깃든 아기자기한 재미를 알게 되었다. 예쁜 그릇에 음식을 담아 대접하는 즐거움을 경험하게 되었고, 아이들이 잘 먹지 않는 식재료를 다양한 방식으로 요리하면서 내 안의 창의성을 꽃피웠다. 그리고 열심히 만든 요리를 사랑하는 사람들이 맛있게 먹는 모습을 보는 것만으로도 뿌듯함과 행복을 느낀다. 요리를 하면서 생활에서 행복할 거리들이 훨씬 많아졌다.

▶친구

아이들의 친구 엄마라서 만났을 뿐인데 어디서도 만들 수 없는 편한 친구가 된 것은 아이를 키우면서 얻은 뜻밖의 선물 중의 하나다. 나이, 학력, 경제적인 차이에 상관없이 '누구 엄마'로만 만나는 관계가 이렇게 편안하고 즐거울 줄 정말 몰랐다. 직장에서 만나는 인간관계는 목적 지향적이라 겉으로는 즐겁게 이야기하는 것처럼 보여도 속으로는 '나를 어떻게 보고 있을까', '내가 실수하는 것은 아닐까' 하고 긴장하는 경우가 많다. 하지만 아이 친구 엄마들과는 서로 기대하는 것 없이 소소한 정을 나누기도 하고 엄마로서, 아내로서, 며느리로서의 고충을 토로하면서 서로 위로도 하였다. 동네 돌아가는 이야기, 요즘 재미있는 영화 이야기, 유행하는 옷 이야기, 맛있는 식당 이야기 등으로 한바탕 수다를 떨고 나면 삭막했던 생활에 윤기가 촉촉이 스며들었다.

'아줌마'들과 만날 때 철저하게 나도 '아줌마'가 되는 그 순간이 난 참 좋았다. 학원이나 진학에 대한 정보를 얻기 위해 계획적으로 친해지려 하지 않았고, 우리 아이를 남과 비교하지 않았다. 경모의 경우는 그냥 나를 끼워 주는 것만으로도 고마웠다. 그래서 학회 일로 외국에 다녀올 때 시댁 선물은 못 챙겨도 친구 엄마들 선물은 꼭 챙겼다.

경모가 초등학교 다닐 때부터 시작된 인연이 아직까지도

이어지고 있다. 아이 때문에 만났다지만 이 정도면 내 인생의 진정한 친구나 마찬가지다. 아무런 대가 없이 도움을 주고받고, 거리낌 없이 손 내밀고 손 잡아 주는 관계. 이제 아이들은 다 크고 서로 서먹해졌을지 몰라도 엄마들만큼은 서로를 아끼고 챙겨 주는 편안한 친구가 되었다. 내가 엄마가 되지 않았다면 절대로 이 소중한 친구들을 얻지 못했을 것이다.

▶'주는 사랑'의 기쁨

아이들을 키우며 '주는 사랑'의 기쁨도 알게 되었다. 심리학자 에리히 프롬은 그 어떤 위대한 남녀의 사랑도, 형제애도 모성애에 비할 바가 못 된다고 말했다. 어느 책에선가 봤는데, 어머니는 아이를 46720번 껴안아 주고, 17520번 뽀뽀를 하고, 116800번 토닥여 준단다. 또 아이에게 21900번 "사랑한다"고 말한단다. 그런데 그런 사랑을 베풀면서도 아무런 조건을 달지 않는다. 그렇게 사랑을 퍼 주기만 해도 행복을 느끼는 게 엄마다.

어떤 엄마도 '내가 사랑을 줘야 아이가 잘되겠지'라는 마음으로 사랑을 주지 않는다. 아이가 잘하면 잘하는 대로, 못하면 못하는 대로 예쁘고, 아이가 행복하면 내가 더없이 기쁘고, 아이가 고통스러워하면 자신의 일처럼 괴롭다. 아이가 존재한다는 사실만으로도 내 안에 있던 이 거대한 사랑의 물결이 온전히 흐르는 것이다. 엄마가 되기 전까지 인간관계의 기본은 '기브 앤 테이크'였다. 내가 준 만큼 돌아오지 않으면 관계는 이어지지 않았다. 그런데 엄마가 되어 조건이나 한계 없이 내가 가진 것을 모두 내주는 경험을 하고 나니 내 안에 있던 사랑의 샘물이 더 펑펑 솟아났다.

▶'지금'에 머무르는 지혜

이 모든 선물 가운데 가장 큰 선물은 '지금'에 머무르는 지혜를 알게 해 준 것이다. 톨스토이는 『살아갈 날들을 위한 공부』에서 다음과 같이 말했다.

"당신에게 가장 중요한 때는 현재이며, 당신에게 가장 중요한 일은 지금 하고 있는 일이며, 당신에게 가장 중요한 사람은 지금 만나고 있는 사람이다."

우리는 지금을 무심코 흘려보내지 말고 충실히 살아야 한다는 사실을 알고는 있지만 매일 반복되는 일상 속에서 그것을 실천하기란 쉽지 않다. 그래서 타성에 젖어 시간을 낭비하기도 하고 인생이 재미없다는 생각을 하기도 한다.

하지만 아이를 키우는 동안은 다르다. 부쩍부쩍 크는 아이를 보고 있으면 인생이 허무하고 재미없다는 생각을 할 틈이 없다. 아이가 크는 모습을 열심히 눈에 담아 두고, 아이가 더 크기 전에 더 많은 시간을 함께 보내야겠다는 의욕이 샘솟는

다. 자연히 순간에 충실하며 살게 되고 인생이 더 풍요로워
진다.

▶영원한 내 편

아이들을 다 키워 놓고 나니 이렇게 든든한 내 편이 또 있
을까 싶은 생각이 든다. 어렸을 때는 오늘 병원 가지 말고 나
랑 놀아 달라고 조르던 아이들이었는데, 이제는 "엄마가 중
간에 포기 안 하고 열심히 일한 게 자랑스러워"라는 말을 하
니 내가 끝까지 일을 포기하지 않았던 게 참 잘한 일이구나
싶어 스스로가 대견해진다. 그뿐인가. 내가 새로운 일 앞에서
머뭇거리면 "엄마, 그 정도 일할 능력은 되잖아, 망설이지 말
고 해 봐요"라고 제법 어른스럽게 응원해 주고, 어떤 일로 낙
담해 있을 때면 "엄마가 그랬잖아. 솟아날 구멍이 있다고. 어
떻게 해결할 것인가 생각해야지 이렇게 처져 있으면 어떻게
해"하고 위로해 준다. 내가 아이들에게 들려주었던 지지와
응원의 말이 그대로 내게 돌아오는 것을 보면 정말 놀랍고 신
기할 따름이다.

아이들은 이제 다 자라서 내 품을 떠난 어른이지만 이제 동
등한 어른 대 어른으로 만들어 갈 새로운 미래가 참 기대된
다. 내가 인생의 문제 앞에서 고민하고 있으면 나름대로 조언
도 해 주고 때로는 날카롭게 지적해 주기도 하겠지. 아이들이

내게 줄 선물이 아직도 많이 남아 있다는 것, 그게 과연 어떤 선물일지 그려 보는 것만으로도 벌써 행복해진 기분이다.

미국까지 가서 시험관 아기를 여러 번 시도한 끝에 아이를 갖기로 결심한 지 7년 만에 임신에 성공한 친구가 있다. 결혼 초창기에는 "우린 아이 안 낳을 거야"라고 말하던 친구였다. 아이가 돌이 되었다는 소식을 듣던 날, 아이가 없던 세상과 지금이 어떻게 달라졌느냐고 물어보았다. 그 친구가 이렇게 말했던 게 기억난다.

"내가 드디어 세상에 속해 있구나 싶지. 아이 없이 7년을 남편과 같이 살았는데 아이 낳고 1년 동안 더 많은 일들이 일어난 것 같아. 그동안 변화가 없었는데 갑자기 내 인생이 활기차졌어."

우리는 아이를 키우면서 인생의 '참값'에 가까워진다. 아이는 온갖 두려움과 불안, 속박과 시련의 원천이기도 하지만 사랑과 기쁨, 행복의 뿌리이기도 하다. 아이와 함께 지금에 머무를수록 그 기쁨과 행복이 커져 간다. 지금 당신도 그 행복 안에 있음을 잊지 않길 바란다.

'나'를 잃을까 봐
결혼도 출산도
미루고 있는
당신에게

예전에 어떤 신문에서 '20대가 결혼을 하지 않는 이유'를 주제로 한 기획 기사를 본 적이 있다. '돈 있고, 애인 있는데 결혼 왜 해?'가 표제였다. 요즘 여성들은 결혼을 굳이 꼭 해야 할 것으로 생각하지 않고 혼자서도 잘 사는 행복한 싱글이 되고 싶어 한다는 내용이었다. '결혼'이라는 제도에 들어가서 지지고 볶으며 사는 게 부담스럽고, 책임져야 할 것이 더 많아지는 게 두렵다는 20대들에게 결혼은 더 이상 핑크빛 환상이 아니다. 그들은 결혼을 불행의 시작이자, 족쇄로 본다. 결혼해서 아이를 낳으면 여자로서는 자기 인생을 완전히 희생해야 하는 것이 뻔한데, 일단 결혼과 출산은 한번 하면 되돌릴 수가 없으니 그 선택을 하기가 두렵고 불안한 것이다.

나도 한때 결혼을 후회했다

　　　　　나 역시 그런 마음을 십분 이해한
다. 사실 한때 나도 '도대체 내가 왜 결혼을 했나', '내 인생의
최악의 선택이 결혼이다' 라는 생각으로 괴로운 적이 많았으
니까. 남편이 내 고충을 공감해 주고 지지해 주는 파트너라는
생각이 들지 않을 때, 직장에서 일에 시달리느라 몸과 마음이
힘든데 아이들까지 나만 바라보며 '이거 해 달라, 저거 해 달
라' 하고 있다고 느낄 때는 내가 결혼을 선택한 결과가 이런
모습이라는 게 받아들여지지 않았다.

　아마 그때 누가 나에게 "결혼 생각 없어요"라고 했다면 "그
래, 그것 참 잘 생각했다. 남들이 한다고 굳이 할 필요 없고,
하고 싶은 일 마음껏 하다가 자리 잡은 다음에 해도 된다"라
고 말했을 것이다.

　그런데 지금은 다른 말을 해 주고 싶다. 고통의 시기를 먼저
다 지나온 사람이 약 올리듯 '다 지나가더라', '고통스러워도
지나고 보면 그게 남는 장사다. 그냥 버텨라' 라는 이야기를
하려는 게 아니다. 오히려 나는 "결혼과 아이가 인생의 전부
는 아니다. 원하는 것을 그쪽에 다 걸지 말고 다른 부분들을
남겨 둬라"라고 말하고 싶다.

　우리가 인생을 살면서 갖는 욕망들은 여러 가지다. 성적 욕
망도 있고, 직장에서 인정받고 출세하길 바라는 욕망도 있고,

자식이 잘되기를 바라는 욕망도 있다. 우리가 가진 모든 욕망은 인생을 앞으로 나아가게 만드는 엔진으로, 여러 가지 욕망을 다양한 방법으로 골고루 채워 나가면서 살아간다.

그런데 결혼을 하게 되면 갑자기 좋은 배우자라는 한 가지 욕망에만 집중한다. 배우자가 애인처럼 다정다감하면서도 자기를 보호해 주었으면 좋겠고, 경제적으로 넉넉하기를 바란다. 그동안 가지고 있던 다른 욕망들은 인생에 아무런 가치가 없는 것처럼 제쳐 버리고, 배우자가 하나라도 부족한 점이 있으면 마치 인생을 충족시킬 다른 방법은 전혀 없는 것처럼 '내 인생은 실패했어' 하고 좌절하거나 '모든 걸 걸었는데 어떻게 이럴 수가 있어' 하고 억울해한다.

그런데 그럴 필요가 없다. 인생은 한 가지 욕망, 한 가지 가치로만 이루어지지 않기 때문이다. 투자를 할 때의 원칙 중 '달걀을 한 바구니에 담지 마라'는 것이 있다. 어쩌다 실수해서 바구니를 떨어뜨렸을 때 가지고 있던 달걀이 모두 깨지면 다시 재기하기 어렵기 때문이다.

마찬가지로 인생의 행복을 결혼이라는 한 바구니에만 담아서는 안 된다. 일, 인간관계, 취미 등 다른 부분에도 에너지를 쏟는다면 결혼이 꼭 불안하고 두려울 이유만은 없다. 사람들은 결혼만으로 인생에서 원하는 것이 모두 이루어지고 행복해질 것이라는 생각이 환상이라고 생각하면서도 막상 결혼

앞에서는 그것을 바라게 된다. 그러니 결혼 하나로 인생이 불행해질지도 모른다는 두려움과 불안이 생기는 것이다.

결혼이라는 바구니가 깨져도 얼마든지 다른 바구니가 있고, 더 좋고 마음에 드는 새 바구니를 찾아낼 수도 있다. '정안 되면 내 행복을 위해 이혼할 수도 있지'라고 생각하는 것도 나쁘지 않다. 구더기가 생길까 봐 장 못 담그게 만드는 막연한 불안함과 두려움을 없앨 수 있으니 말이다.

부모가 되는 경험이 주는 행복

내가 이렇게까지 결혼을 하라고 권하는 것은 결혼을 해서 부부가 되고, 아이를 낳아 부모가 되는 경험이 특별하기 때문이다. 내 인생에서 제일 새롭고 신기한 경험, 그래서 가장 중요한 경험이 바로 부모가 되는 것이었다. 나는 부모가 되었을 때 가장 깊은 충족감을 느꼈다. 승진을 했을 때나, 직장에서 인정받았을 때나 사랑에 빠졌을 때 등등 그 모든 인생의 빛나는 순간 중에서 부모로서 느낀 충족감과 행복이 가장 크고 빛났다.

엄마들이 어떻게 아이와의 애착을 만들어 가느냐에 대한 흥미로운 연구가 있다. 엄마들에게 자신의 아이와 남의 아이의 웃는 모습, 무표정한 모습, 우는 모습을 찍은 사진을 각각

보여 주고 그때 뇌가 어떻게 활동하는지를 알아보았다. 실험 결과 남의 아이나 자신의 아이나 아이의 무표정한 모습, 우는 모습을 보았을 때 엄마들의 뇌의 반응은 비슷했다.

그런데 '내 아이'가 '웃는 모습'을 보았을 때 엄마의 뇌는 완전히 다르게 반응했다. 바로 중독을 일으키는 중추가 반응한 것이다. 즉 마약 중독자나 알코올 중독자가 금단 상태에서 마약이나 알코올을 보았을 때 반응하는 뇌의 부분이 '내 아이가 웃는 모습'을 본 엄마의 뇌에서도 동일하게 반응했다. 그 논문을 보고 나니 왜 모든 할머니, 할아버지들이 손주들 웃음 한 번에 함박웃음을 짓는지, 왜 그렇게 우리 아이들이 어렸을 때가 그리운지 이해가 갔다.

누구나 나이가 들면 자신이 평생 해 온 일에서 얻은 돈, 명예와 권력의 허무함을 필연적으로 느끼게 되어 있다. 그것을 다시 채워 주는 것이 대가없이 주고받는 친밀함과 공감이다. 그런데 대가없이 무한정으로 사랑을 주고받을 수 있는 관계가 바로 부모와 자식 사이 아닐까. 엄마를 보고 활짝 웃는 아이를 보면 엄마는 아무리 힘들어도 허무함을 느낄 새가 없다.

안톤 체호프의 단편소설 중에 이런 대목이 있다. 한 젊은 철도 기사가 철로에서 가로등을 보며 말한다.

"인생이 참 허무한 것 같아요."

그 이야기를 듣던 늙은 기사가 말한다.

"그건 밑에서 계단을 보며 위에 가 봐야 별거 없다고 얘기하는 것과 똑같은 거야. 가 보지도 않고 허무하다고 말하지 말게. 한 계단 한 계단 올라가 본 경험도 없으면서 어떻게 위에서 본 세상을 이야기할 수 있겠는가?"

계단 밑에서는 계단 위에서 보는 세상을 아무리 상상해 봤자 직접 계단을 밟고 올라가지 않는 한 그 풍광을 절대 알 수 없다.

'나'를 잃을까 봐 결혼도 출산도 미루고 있는 20대가 이해는 간다. 지금까지 지켜 왔던 삶의 원칙을 완전히 무너뜨리고 새로 세워야 하는 게 무섭고 불안할 것이다. 하지만 눈싸움을 할 때 눈에 흠뻑 젖지 않고 놀 수 있는 방법이 있는가? 물에 빠지지 않고 수영을 할 수 있는 방법이 있는가? '해도 후회, 안 해도 후회'라면 하는 편이 낫다. 안 하면 미련이 남지만 하고 나면 경험이 남는다. 그리고 그 경험이야말로 진짜 인생을 살았다는 증거다.

다시 일할
준비를 하고 있는
당신에게

일하는 엄마들이야 아이를 직접 키울 수 있는 전업주부들이 마냥 부럽다지만, 전업주부라고 고민이 없는 것은 아니다. 집에서 하루 종일 아이를 돌보고 집안일을 하는 것도 쉬운 일이 아니거니와 스스로 선택한 결정이라고 해도 그게 과연 옳은 선택이었는지 미련이 남기 때문이다. 특히 요즘 젊은 여성들은 자신의 일을 하며 성취를 얻는 것을 중요하게 생각해서 어렸을 때부터 공부도 많이 하고 그만큼 능력을 갖추고 있다. 그래서 육아 때문에 일을 그만두었다 하더라도 기회만 주어진다면 언제든 다시 일을 하고 싶다고 생각한다. 자의 반 타의 반 전업주부로 살고 있지만 '언젠가는' 일을 하고 싶다고 생각하는 엄마들이 많아졌다는 건, 그만큼 우리 사회가 남자든 여자든, 젊든 나이 들었든 능력이 닿는 한 일을 해야 한다는 생각이 보편화되었다는 것을 의미하기도 한다. 그 세상에서 전업주부인 엄마들은 행복하게 살고 있을까?

전업주부들이여, 스스로를 자랑스러워하라

대학 졸업 후 결혼하여 3년간 직장 생활을 하다가 아이를 낳은 뒤 퇴사, 10년간 전업주부로 산 민정 씨. 온 신경을 육아에 집중하느라 힘든 시간은 이제 다 지나고 아이들도 건강하고 똑똑하게 자라 걱정이 없다.

그동안 아이들에게 쏟은 정성이 이제야 꽃피는구나 싶어 한숨 돌리며 비로소 자기만의 시간도 즐기게 된 그녀에게 어느 날 학교에서 돌아온 딸이 물었다.

"엄마는 왜 회사 안 다녀?"

갑자기 머리가 멍해지며 이 아이가 무슨 소리를 하려고 하는 건가 싶어 눈만 껌벅이고 있는데 아이가 말을 이었다.

"내 친구 서진이 엄마는 의사라서 엄마 따라 외국도 자주 간대. 준서네 엄마는 유명한 회사 다녀서 회사 구경도 가고, 거기 가면 맛있는 것도 먹을 수 있대. 엄마는 집에서 뭐해?"

그 순간 민정 씨는 복잡한 심정이 되었다. 분명히 직장 생활을 그만둔 건 나의 선택이었다. 친정어머니가 교사여서 어렸을 때 엄마가 집에 없는 것이 늘 서운했기 때문에 내 아이들에게는 집에 왔을 때 따뜻한 간식을 만들어 놓고 반겨 주는 엄마가 되고 싶었다. 돈은 나중에 벌어도 되고, 조금 부족하게 살아도 되지만 '나중에' 아이와 시간을 보낼 수는 없을 것 같았다. 그만큼 아이와 함께하는 시간이 기쁘고 소중했다.

10년 동안 완벽한 엄마는 아닐지 몰라도 아이들에게 최선을 다하는 엄마였다고 생각해 온 참이었다. 그랬는데 딸아이가 "엄마는 왜 일 안 해?"라고 묻다니, 서운하고 조금 괘씸하기도 했다.

민정 씨는 마음을 가다듬고 이렇게 말했다.

"엄마도 예전에는 회사에 다녔어. 그런데 엄마는 일하는 것보다 너희들 옆에 있는 게 더 중요하다고 생각했어. 그게 기쁘기도 했고. 너랑 같이 있으면서 더 재밌게 지낼 수 있잖아. 그럼 너는 엄마가 집에 있지 말고 아침에 회사 갔다가 밤늦게 들어왔으면 좋겠어?"

"아니, 꼭 그런 건 아니지만……."

말을 흐리는 딸의 얼굴을 보면서 민정 씨는 자신의 선택이 과연 옳았던 건지 다시 머리가 복잡해졌다.

과연 이게 민정 씨만 겪는 일일까. 전업주부들은 수시로 "왜 집에서 애만 키우냐", "그동안 쌓은 경력이 아깝지 않느

나"라는 말을 듣는다. 공공연하게 전업주부와 그들이 하는 일에 대한 가치를 폄하하는 것이다. 지금 우리 사회는 집안일을 하고 육아를 도맡는 것은 누구나 할 수 있는 쉬운 일이며 회사에서 일하는 것보다는 가치가 낮다고 생각한다.

그렇지만 나는 전업주부로 살고 있는 엄마들의 선택은 누구도 쉽게 무시할 수 없는 위대한 것이라고 생각한다. 그들이 지키고자 하는 가치는 인간의 가장 중요한 본능인 친밀함을 충족시킨다. 따뜻하게 사람을 돌보고, 조건 없는 사랑이 흐르고, 서로 기대어 위로하는 것. 우리 인간이 궁극적으로 바라는 것이 이런 가치 아닌가.

마사 스튜어트라는 미국의 한 전업주부가 보여 준 따뜻한 가정의 이미지, 맛있는 가정식에 온 미국 사람들이 열광한 것도 같은 이유일 것이다. 모든 사람이 성공하고 싶다는 야망만 쫓는 자본주의 사회라고 하더라도 사람들의 내면 깊숙이에 숨겨져 있는 따뜻한 가정에 대한 로망은 쉽게 사라지지 않는다.

그런데 어떤 전업주부는 자신이 지키는 가치를 스스로 폄하한다. 전업주부로 사는 이유가 사회생활을 할 능력이 부족하다는 의미인 것처럼 받아들이고 괴로워하는 것이다. 집안의 분위기나 어쩔 수 없는 상황에 의해서 등 떠밀리다시피 전업주부를 선택한 경우가 특히 그렇다. 스스로를 자랑스럽게 생각하지 않는 전업주부가 민정 씨처럼 도발적인(?) 질문을 받았다면 "내가 누구 때문에 이렇게 살고 있는데!" 하면서 과도하게 화를 내거나 서운해하거나 억울해할 수도 있다. 여기에다 전업주부의 가치를 존중해 주지 않는 사회의 시선까지 의식한다면 그것보다 괴롭고 불행한 일은 없을 것이다.

다시 일할 날을 준비하는 엄마들에게

지금은 전업주부로 살고 있지만 아이가 조금 더 크면 다시 일을 하고 싶다고 생각하는 엄마들에게 꼭 부탁하고 싶은 것이 있다.

첫 번째는 일상에서 자신을 위한 시간을 꼭 마련하라는 것이다.

보통 사람들에게 집은 편안한 안식처지만 전업주부들은 집이 일터이자 쉬는 곳이다. 그러다 보니 의외로 전업주부들이 쉴 틈이 없다. 일터에서 쉰다고 해 봐야 얼마나 마음 편하게 쉴 수 있겠는가. 조금만 눈을 돌려도 손이 가야 할 살림이 쌓여 있으니 그것을 외면하고 쉬기란 쉽지 않다.

그러므로 전업주부들은 쉬는 시간을 먼저 챙겨 놓아야 한다. 일터와 쉼터가 구분되지 않는 곳에서 24시간, 365일을 쉬는 듯 마는 듯 그렇게 보내서는 안 된다. 쉬는 시간을 배정해서 그 시간만큼은 의도적으로 자신의 시간을 가져야 한다. 외출할 상황이 안 되면 다른 곳에 놀러 와 있다는 주문이라도 스스로에게 걸어라. 그래야 자신만의 시간과 공간을 확보하면서 쉼 없이 밀려드는 일상에 거리를 두고 휴식하며 새로운 에너지를 충전을 할 수 있다.

두 번째는 사회와의 연결의 끈을 절대로 놓치지 말라는 것이다. 지금은 다시 일할 생각이 전혀 없다고 해도 인간은 사회적으로 능력을 인정받고 싶은 욕구를 가지고 있기 때문에 어떤 방식으로든 집 밖으로 나오게 되어 있다. 그런데 막상 다시 일을 시작하려고 하면 높은 학력 수준과 전문성을 갖추고 있는데도 경력이 단절된 지 오래 되었다는 이유로 그에 맞는 직장을 구하기 어려운 것이 현실이다. 그러니 엄마들은 다시 일을 하고 싶다고 생각하면서도 '좋은 직장을 구할 수 있을까'라는 질문 앞에서 자신이 없어진다. 이런 상황에 빠지지 않기 위해서라도 집에 있는 동안 사회와 완전히 단절되지 않도록 노력해야 한다.

다행히 내가 아이 키울 때와 달리 인터넷과 SNS의 발달로 몸은 집 안에 있어도 다른 사람과 쉽게 소통할 수 있고, 관심 있는 분야에 대해 간접적으로나마 경험해 보고 최신 정보를 얻을 수 있는 시대가 되었다. 육아 동호회에서 삶에 찌든 자신의 모습과 깊이 감추어 둔 고민을 고백하고 다른 주부들의 경험담도 들으며 네트워크를 형성해 사회적인 유대를 넓혀

가는 엄마, 그동안 관심은 있었지만 도전해 보지 못했던 새로운 분야를 탐색하고 시도하는 엄마, 다시 직장에 돌아가더라도 자신의 전문 지식을 발휘할 준비가 되어 있는 엄마라면 사회에 나오는 일이 두려울 이유가 없다.

나는 엄마들이 원래 자신이 하던 일로 돌아가든, 전혀 새로운 일에 도전하든 무엇을 해도 좋으니 자신이 가진 잠재력을 믿고 능력을 마음껏 펼치기를 바란다. 그것이 꼭 경제적인 보상을 많이 받는 일이 아니어도 좋다. 그만두기 전에 받았던 보상보다 적다고 움츠릴 필요도 없다. 보상이 적다는 말이 그만큼 능력이 부족하다는 말을 뜻하지는 않는다. 그러니 내가 다시 일할 수 있을까, 괜히 집에 있는 것만 못한 것은 아닐까 고민하며 망설이지 않았으면 좋겠다. 중요한 것은 일을 하고 싶다는 의지와 그 의지를 실행에 옮기는 행동이다.

잊지 말길 바란다. 당신이 스스로 용기를 내서 문밖으로 나오기만 하면 된다는 사실을. 그리고 아이를 키운 경험이 있는 엄마들이야말로 어쩌면 경쟁과 성공으로만 치닫는 사회에 따뜻한 온기를 불어넣을 수 있는 훌륭한 자원일지도 모른다는 것을.